EXPOSÉ GÉNÉRAL

DES

TRAVAUX

que se propose d'exécuter

LA COMPAGNIE EN FORMATION

DES

BOUCHES-DU-RHONE

PAR

LE COMTE VENCESLAS JABLONOWSKI

AUTEUR DES PROJETS ET ORGANISATEUR DE LA COMPAGNIE

UN VOLUME AVEC 3 PLANCHES

DEUXIÈME ÉDITION

Revue et Corrigée

PARIS

12, RUE DU FAUBOURG SAINT-HONORÉ

—

1858

EXPOSÉ GÉNÉRAL

DES TRAVAUX

que se propose d'exécuter

LA COMPAGNIE EN FORMATION

DES

BOUCHES-DU-RHONE

PAR

LE COMTE VENCESLAS JABLONOWSKI

AUTEUR DES PROJETS ET ORGANISATEUR DE LA COMPAGNIE

AVEC TROIS PLANCHES

PARIS

72, RUE DU FAUBOURG SAINT-HONORÉ

1853

PARIS. — TYP. BEAULÉ ET Cᵉ, RUE JACQUES DE BROSSE, 10.

SOMMAIRE

DE LA DEUXIÈME ÉDITION.

—

CHAPITRE IV.

Du droit de la franchise de port.

CHAPITRE V.

La mise en culture du Delta du Rhône.

CHAPITRE VI.

FIN.

EXPOSÉ GÉNÉRAL

DES TRAVAUX

QUE SE PROPOSE D'EXÉCUTER

LA COMPAGNIE EN FORMATION DES BOUCHES-DU-RHONE

Un petit nombre d'individus connaissent seulement, jusqu'aujourd'hui, les projets présentés avec des chances diverses et à différentes reprises depuis plus de neuf ans, par l'auteur de cet écrit, pour les travaux de Marseille et du littoral de la Méditerranée, aux gouvernements qui se sont succédé dans ce long laps de temps.

Il y a bien une centaine de petits mémoires manuscrits ou lithographiés, avec ou sans cartes géographiques et explicatives, disséminés parmi le petit nombre d'hommes qui ont voulu s'intéresser à mes idées. — Bon nombre de journaux en ont entretenu aussi le public, mais de temps en temps seulement, et chaque fois que mon opiniâtre persévérance m'a fait tenter une nouvelle démarche, soit près d'un nouveau ministre, soit près d'un gouvernement nouveau.—Mais la masse du public ne possède pas encore un exposé authentique et imprimé des divers et immenses travaux proposés.

Dans notre propre intérêt, aussi bien que dans l'intérêt du public savant et de la France intelligente, nous tâcherons de suppléer aujourd'hui à ce besoin pressant du moment où se décide, définitivement peut-être et pour toujours, le sort d'une idée vaste, utile, belle et séduisante, capable d'augmenter d'un quart les revenus de l'Etat, d'enrichir des millions d'hommes, et suffisante, j'en suis certain, pour faire la gloire la plus belle et la plus impérissable du règne qui aura le courage moral de l'entreprendre ; car, quant à son exécution, elle est simple et facile.

Nous tâcherons d'exposer le plus clairement possible toutes les parties de ce gigantesque ensemble, son utilité et ses obstacles, aussi bien au point de vue administratif et financier qu'à celui de la théorie et de la pratique.

CHAPITRE PREMIER.

L'enchaînement et le lien des travaux multiples proposés par le comte Jablonowski, et devant être exécutés par la Compagnie des Bouches-du-Rhône.

Le point de départ et le premier anneau des travaux multiples proposés, qui s'enchaînent dans notre projet d'ensemble, en formant une unité homogène et parfaite, quoique composée de parties dont chacune séparément serait dans tout pays une entreprise hardie et difficile ; ce premier point de départ est, aujourd'hui, comme dès l'origine même du travail intellectuel de l'auteur, *l'assainissement du vieux port de Marseille.*

On connaît les immenses difficultés de cette opération nécessitée par l'état d'insalubrité pestilentielle du premier port commercial de France. — Aux difficultés théoriques se joignent les difficultés encore plus insurmontables de la question financière.

En effet, qui doit supporter les frais de ce travail ingrat et herculéen? — La ville de Marseille est obérée par des charges immenses que font peser sur elle principalement les dépenses du canal de la Durance, tandis que l'Etat, de tout temps et sous tous les gouvernements, a décliné l'obligation d'exécuter cette œuvre d'intérêt purement local.

Ce n'est que dans les derniers temps qu'il a été décidé que la vente des terrains de l'ancien Lazaret devra couvrir les frais de l'assainissement du port.

Mais cette ressource est-elle suffisante, surtout depuis qu'un don généreux est venu forcer la municipalité d'en distraire, pour les frais de construction de la cathédrale, une somme considérable? Les frais d'un palais impérial devront nécessairement s'y joindre.

Il faut du temps pour donner de la valeur à ces terrains, tandis que les dangers de la peste grandissent tous les jours, surtout depuis que l'augmentation des eaux douces amène dans ce cloaque une plus grande masse des ordures de la ville. Avec ces ressources et selon les plans dont on a commencé déjà l'exécution, on ne parviendra jamais à produire ces deux résultats nécessaires : 1° *intercepter les ruisseaux des égouts de la ville ; 2° renouveler constamment l'eau salée dans le port.*

C'est depuis 1838, époque de mon arrivée en France (1) de l'Algérie, que, parvenu à la conception théorique d'un système complet qui assainit radicalement, et pour toujours, le vieux port de Marseille (système que j'expose plus bas, en totalité, dans un chapitre qui lui est destiné), j'ai dû chercher, pour l'exécution de ce système, des moyens financiers qui se trouvassent en dehors des ressources de l'Etat et de la ville de Marseille. C'est ainsi que je fus amené, dès l'année 1842, à joindre à mon projet d'assainissement du vieux port le projet de la construction d'un quartier nouveau, dans la rade, quartier quasi vénitien, avec cette différence qu'au lieu d'être construit sur pilotis il serait sur empierrement et béton, système éminemment français, que je venais d'étudier et de pratiquer à Alger dans l'administration des ponts et chaussées où je fus employé par M. Poirel qui dirigeait alors ces travaux. L'idée de la création de ce sol artificiel et excentrique, en apparence, s'explique pourtant par la position topographique de la ville et du port de Marseille.

Enclavés entre trois masses de rochers, qui les cachent et les abritent de toutes parts, au nord, quartier Saint-Jean ; au midi, les rochers de Notre-Dame-de-la-Garde ; à l'est, les hau-

(1) C'est sous les auspices du prince Adam Czartoriski que j'ai eu l'honneur de présenter mon système à M. Legrand, sous-secrétaire d'État. Ce n'est pas sans plaisir que ma mémoire me rappèle comment M. Legrand, après avoir pris connaissance de mon projet, se leva vivement de son fauteuil, et, s'adossant à la cheminée, dit, en se parlant à lui-même : *Ma foi! c'est la première fois qu'on me présente là-dessus une idée juste et pratique.*

teurs élevées, dont la mi-côte est l'arc de triomphe, le port de Marseille et cette ville, sont, disons-nous, comme étranglés et serrés dans un étau. Le port ne pourrait recevoir un bâtiment de plus que sa contenance, et la ville ne saurait bâtir une maison sans grimper sur des montagnes et s'éloigner ainsi du seul point maritime et commercial de l'endroit.

Par conséquent, créer un quartier abordable aux navires et au commerce, c'était rendre un service éminent à la ville; n'importe que le sol soit factice et excentrique à première vue. Du reste, la défense de la création de ce sol artificiel se trouve plus loin dans un chapitre séparé. Ces deux projets joints ensemble, l'un portant l'autre, ont été présentés au gouvernement de Louis-Philippe en 1842, et publiés dans une brochure lithographiée in-4°, avec des planches, chez Bénard, passage du Caire, dans l'année 1844, distribuée dans toutes les administrations publiques et dans les journaux. La construction des docks y était demandée au gouvernement comme un moyen nécessaire d'attirer la population dans ce nouveau quartier. C'est pour la première fois alors qu'on présentait au gouvernement une demande de construction de docks en France. Cela seul constitue déjà, à mon avantage et à celui de la Compagnie des *Bouches-du-Rhône,* un droit de *priorité,* de propriété intellectuelle et industrielle que nos concurrents pour les docks de Marseille ne peuvent pas contester.

Nonobstant nos efforts et malgré l'énormité des sommes enfouies dans les travaux du port de la Joliette, que la France eut économisées, l'amour-propre de l'administration des ponts et chaussées a eu gain de cause. — Le port de la Joliette fut présenté par ce gouvernement, traîné à la remorque des passions mesquines des bureaux ministériels livrés au pouvoir parlementaire, et il fut accepté par les Chambres.

Ces travaux étaient, en 1845 et 46, en voie d'exécution.— Néanmoins, toujours convaincu de l'utilité de mes projets, profitant des objections qui m'ont été faites, que les docks seuls n'auraient pas assez d'attrait pour faire affluer dans ce nouveau quartier une population suffisante pour couvrir les déboursés de l'assainissement; je me suis présenté au gouvernement avec mes projets élargis et modifiés.

Comme moyen de procurer une grande valeur artificielle, je suis venu demander *la franchise de port.*

Et, en retour de ce droit exceptionnel, profitable à l'Etat, et nécessaire à la position géographique de la ville de Marseille, je prenais à la charge de la Compagnie que je désirais former : « la » mise en culture des terrains d'alluvion maritime entre Bouc, » Arles et Cette, au moyen de la fermeture des passes qui font » communiquer les étangs salants avec la pleine mer, au moyen » d'un canal circulaire qui intercepterait tous les affluents d'eau » vive qui se jettent maintenant sur cette vaste étendue de » pays, le Rhône y compris. — Travaux qui auraient permis » l'épuisement des étangs salants, et le dessalement des terrains » d'alluvion. »

Pour compléter les avantages de l'Etat et faire droit aux nouveaux besoins maritimes que nous aurions provoqués ainsi, j'offrais à l'Etat un *dock-arsenal* à Marseille pour la marine de guerre et la création d'une jetée en avant du port de Bouc.

Ces deux idées, de la franchise de port et du système de la mise en culture, seront traitées plus loin et discutées dans des chapitres séparés.

Les projets dont nous parlons et mes offres ont été déposés par moi et soumis au gouvernement par l'entremise de M. Cunin-Gridaine, ministre de l'agriculture et du commerce, et de M. Dumont, alors ministre des travaux publics. Ces deux communications furent imprimées en lithographie in-4°, à la lithographie du passage Radzivil, et distribuées à toutes les administrations et aux journaux.

Ainsi sont expliqués l'enchaînement et la corrélation de travaux si divers, si différents, et qui pourtant ne peuvent se passer l'un de l'autre, et ont besoin, pour être possibles et exécutables, de se trouver réunis dans une seule et unique opération financière et industrielle, qui puisse les exécuter tous, ensemble, de ses propres forces, sans le concours de l'Etat et de la ville de Marseille ; tandis que chacune de ces idées, séparées l'une de l'autre, ne serait qu'une charge sans compensation ou une impossibilité.

Les besoins financiers de l'assainissement du vieux port exigent la création du quartier nouveau des docks dans la rade.

La possibilité de l'exécution de cette idée exige à son tour la *franchise de port*.

La grandeur de cette concession et l'immensité des avantages qu'elle procure ordonnent alors évidemment d'augmenter les charges de la Compagnie concessionnaire et procurent les moyens d'exécuter une œuvre qui sans cela ne pourrait jamais l'être, qui non-seulement par la canalisation du Rhône complète le système d'entrepôt et du transit français, créés par les docks et la franchise du nouveau quartier de Marseille, mais encore ouvre de nouveaux horizons à l'agriculture et à la richesse nationale, tout en centuplant les avantages des concessionnaires primitifs.

Mais aussi pas d'exécution possible de cette œuvre (de la mise en culture des terrains d'alluvion) sans la franchise du port pour le nouveau quartier.

Toutes ces questions, toutes ces opérations immenses et difficiles, chacune à son point de vue, se tiennent donc liées financièrement l'une à l'autre et se complètent par leurs résultats.

1° Assainissement du vieux port ;

2° Création d'un nouveau quartier des docks ;

3° Franchise de port pour ce quartier ;

4° Mise en culture des terrains d'alluvion ;

5° Détournement et canalisation du Rhône ;

6° Création d'un ou de deux tunnels qui doivent faire communiquer de plain-pied le vieux Marseille avec le nouveau quartier, condition essentielle et de toute nécessité pour ces deux quartiers, séparés par une montagne énorme.

Voilà le programme d'une seule et même opération, d'une seule et unique entreprise qu'il est impossible de scinder.

Nous comprendrons mieux cette cohésion nécessaire entre des questions si immenses et si différentes, en étudiant la nature spéciale de chacune d'elles. C'est là qu'éclateront aux yeux les plus prévenus les immenses avantages de cette agglomération de travaux et d'idées qui s'entr'aident et forment, à l'avantage de l'Etat, du public et de l'actionnaire, des résultats immenses et inappréciables.

Dans l'année 1846 ce projet, ou disons plutôt, ces projets, ayant été écartés par le gouvernement de Louis-Philippe, malgré l'intérêt que leur ont bien voulu porter personnellement M. Cunin-Gridaine à l'agriculture, et M. l'amiral Mackau au ministère de la marine, je fus obligé de renoncer alors à la poursuite de mes efforts. Mais bientôt un nouvel ordre de choses amena au pouvoir d'autres hommes, d'autres idées et d'autres besoins.

C'est sous l'administration du général Cavaignac, M. Vivien étant ministre des travaux publics, et M. Tourret, ministre de l'agriculture et du commerce ; au moment où l'anarchie, vaincue dans les terribles journées de juin, demandait au travail et à l'impulsion des travaux publics, un palliatif à l'exubérance des passions politiques ; c'est alors que je me décidai à tenter fortune de nouveau et à profiter des éléments que j'avais pu réunir.

A ce moment, la situation des choses éloignant toute possibilité d'un concours sérieux des grands capitaux, surtout des capitaux étrangers, il me fallut par conséquent, produire une combinaison financière qui eût permis de commencer ces travaux sans le concours des financiers dont nous venons de parler. C'est ainsi que je fus amené à demander au gouvernement républicain l'autorisation d'émettre pour 20 millions, et pour cinq ans, des actions de 100 francs, portant intérêt à 5 du 100, qui auraient le droit d'être reçues, comme argent comptant, dans toutes les caisses publiques, et qui eussent été retirées, après cinq ans, de la circulation. Pour une œuvre nationale, dans un pareil moment de crise, et comme moyen de donner une direction salutaire aux esprits et du travail à des milliers d'hommes, la proposition me semblait alors et me semble encore aujourd'hui acceptable.

La réponse du ministre de l'agriculture et les paroles de M. Vivien ne m'ont pas laissé longtemps dans l'incertitude. Tout en rendant justice à l'utilité de mes projets, tout en m'engageant à persévérer dans mes efforts et « à produire une combi-
» naison financière acceptable, ils déclaraient qu'il leur était im-
» possible de proposer à l'Assemblée Nationale un projet portant
» la création d'un papier-monnaie pour le compte d'une entre-
» prise particulière, lorsque cette Assemblée avait refusé déjà de
» recourir à ce moyen pour le compte du Trésor public. »

Cette réponse en apparence très-juste, quoique dans le fond elle ne le fût pas, m'a obligé de renoncer encore une fois au rêve et au travail de plusieurs années.

Le voyage de Sa Majesté l'Empereur à Marseille, dans lequel il a montré tant de sollicitude pour les intérêts de cette ville; la création des docks de Paris qui a prouvé combien l'esprit de ce souverain a su apprécier l'utilité de ces sortes d'établissements; la confiance venant à faire refluer sur le marché public les capitaux que les bourrasques révolutionnaires en avaient fait disparaître; la nature énergique et dictatoriale du pouvoir impérial, qui laisse à une intelligence supérieure toutes les facilités et tous les moyens de faire le bien, sans être arrêtée par les tiraillements, par le jeu des passions mesquines et triviales qui ont fait prévaloir, sous le gouvernement parlementaire, les petits intérêts et les intérêts de clocher sur les intérêts larges et généreux d'une nation aussi grande et puissante que la nation française; toutes ces raisons réunies m'ont engagé à profiter de ces circonstances providentielles, pour demander à l'initiative personnelle de Sa Majesté l'Empereur d'employer, pour une chose grande et utile au pays, le pouvoir discrétionnaire dont il dispose et qui ne s'est jamais changé entre ses mains en oppression ni en abus.

C'est de Sa Majesté l'Empereur, c'est de son jugement que dépend aujourd'hui la solution de cette œuvre.

Cette œuvre sera la sienne. — L'idée est de moi; mais l'œuvre sera de la main de l'Empereur et enfantée par son jugement et sa conscience.

Il est facile d'avoir des idées : car c'est Dieu qui les donne; mais qu'il est difficile de juger, d'apprécier et d'exécuter les idées d'autrui! — Peu de caractères et peu de consciences en sont capables. — Pour des particuliers c'est une vertu; mais c'est du génie pour les monarques, et il caractérise les grands règnes.

Il ne me reste maintenant qu'à exposer la théorie de toutes les parties qui composent mon projet d'ensemble, à réfuter les objections possibles et à montrer les conditions nécessaires de succès. — Voici d'abord le texte même de la dernière et définitive demande en concession adressée à Sa Majesté l'Empereur et à Son Excellence M. le comte de Persigny, ministre de l'intérieur, de l'agriculture et du commerce.

Ce document est nécessaire à étudier, non-seulement à cause de l'ensemble théorique et pratique de l'entreprise qu'il développe complètement, mais encore, au point de vue de la ligne de conduite que j'ai choisie et de la position légale que j'ai prise, soit vis-à-vis du gouvernement, soit vis-à-vis des actionnaires futurs de la Compagnie des *Bouches-du-Rhône*.

Les termes précis de cette demande démontrent, jusqu'à la dernière évidence que, dans une affaire de cette importance, je n'ai voulu rien préciser, rien déterminer définitivement, de mon propre gré et de ma volonté personnelle.

Il n'y a d'établi *que le système général de l'opération et de chacune de ses parties. Toute délimitation, tout tracé, toute dimension précise, toute transaction à intervenir, tout tarif,* sont laissés à la discussion ultérieure des commissions et des enquêtes à faire par des hommes compétents, à la nomination du gouvernement et selon le consentement de la Compagnie déjà formée, maîtresse d'elle-même, de ses ressources et des droits inaliénables et généraux de la concession octroyée. Voilà, à mon avis, la seule conduite que je devais tenir dans une affaire aussi importante, qui touche à de si nombreux intérêts, en face des dépenses immenses, des enquêtes, des travaux préliminaires, sondages, fouilles et expertises qu'il était impossible de commencer avant que le droit et les bases générales de l'entreprise fussent admis définitivement par le gouvernement.

Il eut été malheureux et fatal que la décision des bases générales de cette affaire fût abandonnée aux discussions verbeuses, longues, passionnées, des petites passions, des petits intérêts et des petits esprits. Il est indispensable, d'un autre côté, que ces bases, une fois établies, créées et décrétées, par une volonté unique, guidée par un esprit supérieur et d'un pouvoir légal, indiscutable; il est nécessaire que tous ces petits intérêts se produisent devant une puissance compétente qui doit les classer, garantir et étudier séparément, sans jamais pouvoir revenir en arrière. — Il eut été malheureux aussi et dangereux que les expertises, enquêtes et tracés définitifs fussent abandonnés aux intérêts personnels d'un seul individu. Il faut qu'ils soient soumis à la décision libre et complète du gouvernement et des futurs actionnaires.

C'est à ces conditions seulement qu'une entreprise aussi vaste peut arriver à l'éclosion et être menée à bien, à l'avantage de tout le monde, tout en suivant le mode renversé des travaux ordinaires, qui demandent des tracés précis, des enquêtes préli-

minaires, suivies seulement de la concession du gouvernement.

J'ai fait et je ferai, dans cette circonstance, l'abstraction complète de mon amour-propre d'auteur, d'inventeur et de directeur de l'entreprise.

Nous n'avons donc, et nous n'aurons ici à nous préoccuper que de la théorie de chaque question, des bases de chacune des parties et de l'ensemble des travaux et des questions proposées.

DEMANDE DÉFINITIVE EN CONCESSION.

Conformément aux désirs de mes honorables associés, qui veulent former une société anonyme, par un acte dont j'aurai l'honneur de vous adresser copie, dans le but d'exécuter les travaux dont je sollicite la concession de la part du Gouvernement de Sa Majesté ; en même temps, désirant mettre mes intérêts et ceux de mes associés en harmonie avec les intérêts de la ville de Marseille, je prie Votre Excellence d'accueillir avec bienveillance ma nouvelle demande en concession, qui modifie en certaines parties essentielles les termes de la demande que j'ai eu l'honneur de vous adresser dernièrement et en renouvellement de mes demandes de 1844, 1846 et 1849.

Considérant les intérêts pressants de la salubrité publique dans le midi de la France, et de l'honneur national, qui ne peut tolérer plus longtemps l'état d'abandon dans lequel se trouvent le premier port de France, le vieux port de Marseille et tout l'immense terrain d'alluvion maritime entre Bouc, Arles et Cette ;

Considérant qu'il est prouvé que les travaux nécessaires dans ces deux localités, et dont il est impossible à l'État de se charger, peuvent être entrepris et exécutés avec des bénéfices considérables par des particuliers et sans aucun sacrifice de la part du Trésor public, à condition que ces travaux fassent partie d'une même entreprise et soient basés sur les ressources que fournirait la création dans la rade de Marseille d'un quartier de docks, construit sur empierrement et béton, quartier favorisé par un privilége de *port franc* et réuni à celui de la Bourse par des tunnels sous la montagne du quartier Saint-Jean ;

Le soussigné a l'honneur de demander au Gouvernement de Sa Mjaesté par l'entremise de Votre Excellence :

1° Une concession en mer, à perpétuité, dans la rade de Marseille, à côté du port de la Joliette, aussi loin dans la mer que les besoins du quartier à créer l'exigeront, et autant que le permettent les besoins reconnus de la navigation dans la rade, en même temps, du côté de la plage,

150 mètres dans les terres et tout le long de la côte occupée, toute la ocllina du Lazaret y comprise; propriété publique à concéder, propriété particulière à exproprier;

2° L'octroi d'un privilége de *port franc* à tout ce quartier créé dans la mer et le long des côtes, pour toutes marchandises venant soit par mer, soit par transit; ce privilége devant être valable pour quatre-vingt-dix-neuf années, à commencer du quatrième anniversaire de la visite de Sa Majesté à Marseille; l'État s'engagerait, en outre, envers les concessionnaires, à ne délivrer, pendant ces quatre-vingt-dix-neuf ans, à aucune localité sur les bords de la Méditerranée ni des droits analogues, ni le permis de créer les docks;

3° L'autorisation de former une Compagnie anonyme, dite des *Bouches-du-Rhône*, dont la durée serait fixée pour quatre-vingt-dix-neuf années, mais qui aurait le droit de liquider ses opérations avant cette époque, à partir de la cinquantième année de l'exploitation. Le capital de la Compagnie serait de 300 millions, mais la société se réserverait le droit d'emprunter, dès la sixième année des travaux, au fur et à mesure des besoins, jusqu'à concurrence de 300 autres millions, et cela suivant le mode qui sera le plus avantageux, sur hypothèque ou autrement.

La Compagnie des *Bouches-du-Rhône* devrait être autorisée en même temps à augmenter son capital primitif fixé plus haut de tout le capital auquel peut monter la valeur des propriétés territoriales et autres dans les terrains d'alluvion maritime devant être mis en valeur, immeubles dont les propriétaires auraient fait *apport* à la Compagnie, au plus tard trente-six mois après le jour du décret impérial de concession, au cas où ces immeubles seraient jugés nécessaires à la Compagnie et au prix que ces immeubles représenteront réellement deux mois avant le décret impérial.

Les cahiers des charges et les réglements ultérieurs fixeront définitivement l'avis et le consentement des concessionnaires entendus :

1° Le tracé et la délimitation de ce nouveau quartier;

2° Les devoirs des concessionnaires envers l'État et la Ville dans l'exercice de leur droit de propriété;

3° Le partage par moitié avec l'État ou avec la ville de Marseille du droit de tonnage, d'ancrage, de port, etc., pour tout bâtiment stationné dans les ports appartenant à ce quartier pendant quatre-vingt-dix-neuf années;

4° Les charges municipales d'octroi et de la ligne de douane à établir autour de ce territoire;

5° Enfin, le mode de surveillance à exercer par la municipalité sur les propriétés, telles que les tunnels et autres, du matériel d'exploitation des travaux d'art et de salubrité publique, et qui tous font retour à la ville de Marseille, après les quatre-vingt-dix-neuf années du privilége, selon les offres faites par le concessionnaire à la municipalité et à la préfecture des Bouches-du-Rhône.

En retour des concessions ci-dessus énoncées, le concessionnaire et ses associés prennent à leur charge les travaux désignés ci-après, et s'engagent à les exécuter dans le courant de vingt années :

1° Les travaux d'assainissement du vieux port de Marseille, consistant :

A. — Dans un canal de ceinture sous le quai existant, à partir de la Santé, tout autour du port, jusqu'auprès du bassin du carénage, et de là dans l'anse des Catalans;

B. — Dans la construction des roues hydrauliques mues par une machine à vapeur, devant transvaser dans la mer les immondices de la ville et les eaux croupies du port.

Les dimensions de ce canal, sa pente, le nombre et la grandeur des écluses, la force de la machine à vapeur, sa dotation à perpétuité, les dimensions du débouché et des roues hydrauliques, ainsi que celles de toutes les autres parties de ce système d'assainissement, seront fixés ultérieurement par le cahier des charges;

C.—Le concessionnaire s'engage, en outre, à livrer à l'État, à la pointe du Môle du nouveau quartier, et sur le quai du port désigné sous le nom du port de l'Arsenal, 6,000 mètres carrés de superficie du terrain artificiel, avec un bassin de 4,000 mètres pour l'établissement d'un dock-arsenal pour la marine impériale, ainsi que les terrains jugés nécessaires pour les batteries de la défense du port;

2° Le concessionnaire se charge de la construction des tunnels sous la montagne du quartier Saint-Jean.

Le choix définitif de l'emplacement pour ces tunnels, leur direction, leurs dimensions, ainsi que le tarif du péage pendant les quatre-vingt-dix-neuf années, pour ballots, hommes, chevaux et voitures, seront fixés ultérieurement par qui de droit et conjointement avec l'administration de la Compagnie associée au concessionnaire;

3° Les concessionnaires prennent enfin à leur charge l'exécution des travaux nécessaires à la mise en valeur du terrain d'alluvion maritime entre Cette, Arles et Bouc.

Ces travaux consistent :

A. — Dans la fermeture des passes qui relient les étangs salants à la pleine mer, ainsi que dans la consolidation des bords de la mer où cela sera nécessaire, par des digues ou autrement;

B.—Dans l'exécution d'un canal de ceinture destiné, non-seulement à intercepter tous les affluents d'eau vive, mais capable de servir de lit à la moitié du volume d'eau charriée ordinairement par le Rhône;

C.—Dans l'exécution du canal entre Bouc et le nouveau quartier de la rade de Marseille; ce canal devant recevoir les eaux du canal de ceinture;

D. — Dans l'exécution d'un canal de déchargement pour les crues du Rhône, tracé dans la direction d'un des vieux lits de ce fleuve, ayant prise d'eau dans une saignée de 1 kilomètre au moins de longueur, pratiquée dans la berge du canal de ceinture au-dessus du niveau ordinaire et normal de ce fleuve;

E.—Dans l'exécution et l'entretien d'un système général d'irrigation, établissement de réservoirs et rigoles sur tout le parcours de ce système de canaux;

F.—Dans l'exécution et l'entretien des mesures de sûreté pour la navigation au-dessus et au-dessous de cette saignée;

G.—Dans les travaux hydrauliques de l'épuisement des étangs salants, ayant néanmoins égard aux besoins des industries salinières;

H.—Enfin, le concessionnaire s'engage, suivant ses déclarations faites en 1846, à établir une jetée sur empierrement et béton en avant du port de Bouc, suivant la direction et les dimensions indiquées par l'État, et jugées nécessaires pour mettre ce port à l'abri des intempéries de la mer et des entreprises de l'ennemi.

Seront réglés par les cahiers des charges ultérieurement, et par qui de droit:

1° Le tracé définitif de ces canaux, ainsi que la fixation de toutes les conditions des travaux ci-dessus énoncés;

2° Le tarif du péage de la navigation pendant quatre-vingt-dix-neuf années sur ces canaux;

3° Le tarif de l'eau douce fournie à l'agriculture et de l'eau de mer aux salinières dans les bas-fonds;

4° L'exercice du droit d'expropriation pour cause d'utilité publique;

5° Le droit de perception de la plus-value des terrains améliorés, au-dessous et au-dessus d'Arles, et des indemnités de la part des riverains du Rhône préservés d'inondations;

6° Le mode de la prise de possession et de la vente des terrains expropriés ou conquis sur la mer et sur les marais;

7° Le mode des indemnités à payer de la part des concessionnaires aux propriétés et industries lésées;

8° La remise à l'État, après les quatre-vingt-dix-neuf années du privilége, ou à cause de la liquidation anticipée de la Compagnie des *Bouches-du-Rhône,* des digues, des canaux de navigation, des rigoles fournissant l'eau de mer aux salinières, enfin de toutes les propriétés rurales non réalisées; tandis que tous les travaux d'irrigation, tels que réservoirs et rigoles doivent appartenir aux départements sur le territoire desquels ces travaux seront exécutés, et les propriétés urbaines à la ville de Marseille ;

9° Le mode et le chiffre des indemnités devant être allouées aux actionnaires par l'État, par la ville de Marseille ou par les départements pour les propriétés non réalisées qui leur incombent, soit après l'expiration des quatre-vingt-dix-neuf années, soit après la liquidation anticipée de la Compagnie.

La garantie de l'intérêt du capital primitif accordée par l'État pour les douze premières années, au taux de 4 pour 100 pour les actions ordinaires et de 4 et demi pour 100 pour les actions différées, donnerait au Gouvernement le droit à un tiers de tous *les bénéfices nets* de cette entreprise ; c'est-à-dire après le prélèvement de l'amortissement des dettes et du capital, de l'intérêt de 4 pour 100 et de 4 et demi du capital primitif de 300 millions, ainsi que d'une retenue de 5 pour 100 de la somme totale à laquelle peuvent arriver les bénéfices nets. Ces 5 pour 100 devant être payés, dès la douzième année des travaux, à la ville de Marseille, en retour de l'abandon patriotique de ses prétentions d'établir des docks pour son propre compte.

Enfin, le concessionnaire demande au Gouvernement de Sa Majesté :

1° L'autorisation d'établir sur toute l'étendue des travaux, et sans autorisation ultérieure, des chemins de fer jugés utiles pour l'exploitation ;

2° La garantie que la Compagnie aura la priorité sur toute autre dans l'octroi des concessions possibles pour l'exploitation des mines et des gisements naturels qui peuvent être découverts sur tous les terrains des travaux ;

3° Le concessionnaire, pour sauvegarder les intérêts des actionnaires étrangers, demandera au Gouvernement la garantie exceptionnelle que les capitaux étrangers engagés dans cette entreprise d'utilité nationale et leurs représentants dans l'administration de la Compagnie ne pourront subir, en cas de guerre, aucun genre d'avanie politique, de saisie ou de *main-mise,* pas même comme représailles de guerre ou d'hostilité commerciale.

Daignez agréer, Excellence, etc., etc.

CHAPITRE II.

Assainissement du vieux port.

Pour exposer le système d'assainissement que nous proposons d'exécuter en totalité aux frais de la Compagnie des *Bouches-du-Rhône,* sans aucune charge ni perte, soit pour l'Etat, soit pour la ville de Marseille, nous croyons le plus simple de citer textuellement la partie théorique de la brochure lithographiée, publiée, en 1844, à ce sujet.

On doit remarquer toutefois que, du jour où le port de la Joliette a été adopté par le gouvernement du roi Louis-Philippe, l'auteur a dû nécessairement modifier le point de départ du canal proposé par lui, ainsi que sa direction et son débouché. Les preuves légales de ce changement proposé alors reposent entre les mains du gouvernement qui a reçu dans le temps les modifications de ces tracés. Comme une des preuves de la réalité de ces modifications proposées bien avant que quelques projets récents eussent désigné l'anse des Catalans pour recevoir les saletés de la ville, nous citerons le *Journal des Débats,* qui a bien voulu consigner cette particularité, en acceptant les extraits d'une réclamation que je me suis vu obligé de faire à cette époque sur cette affaire.

EXPOSÉ GÉNÉRAL ET RÉSUMÉ DU SYSTÈME D'ASSAINISSEMENT ET D'AGRANDISSEMENT DU PORT DE MARSEILLE, PRÉSENTÉ PAR LE COMTE VENCESLAS JABLONOWSKI. — *Brochure lithographiée en 1844.*

L'infiltration, dans le port, des eaux provenant des égouts, des savonneries et autres fabriques de la ville, étant reconnue comme la cause de l'état présent de décomposition et d'insalubrité du port de Marseille, le premier moyen qui se présente à un esprit pratique, pour remédier à cet inconvénient, est un canal ou un égout, si l'on veut le nommer ainsi, pratiqué sous le quai existant aujourd'hui et approprié à cet usage. Ce canal, d'un côté, intercepterait les trente ruisseaux de la ville qui charrient maintenant la vase dans le port, et de l'autre côté, par des déversoirs pratiqués au niveau de la mer dans la paroi longeant les eaux du port, pourrait procurer l'écoulement des eaux croupies, et, à leur place, la rade fournirait naturellement l'eau fraîche et pure de la pleine mer.

Il s'agit seulement de trouver un moyen et un endroit pour faire écouler ces eaux dans une proportion assez considérable pour produire un effet utile sur la masse liquide contenue dans le port.

L'auteur de ce système pense avoir obtenu ce résultat en dirigeant le canal sur une pente de 3 millimètres par mètre, à travers le fossé du fort Saint-Jean, bien loin dans la rade, et sous la protection (dans l'intérieur) d'une forte jetée de béton et de pierre naturelle. Au débouché de ce canal, une roue qui répond plutôt à l'idée vulgaire du *moulinet*, et dont il sera question plus loin, mue par une machine à vapeur de petite dimension, utilisera chaque instant de vitesse acquise par la pente à la masse d'eau et rejettera dans la rade un volume considérable de liquide qui peut s'élever, comme nous le verrons, à plus de 30 mètres cubes par seconde, avec une vitesse de 4 décimètres par seconde, le minimum de la vitesse naturelle des courants.

La jetée, dont nous avons parlé, créera naturellement un vaste port bien abrité, mais qui recevrait toutes les saletés du vieux port, si un môle partant du fond de la rade et se prolongeant jusque derrière le débouché du canal, ne forçait les immondices acculées par les vagues de la grande mer d'aller se jeter bien loin dans le fond de la rade. Le nouveau port, ainsi garanti du fléau qui pèse maintenant sur celui qui existe aujourd'hui (1), serait beaucoup trop grand pour les besoins, quelque considérables qu'ils puissent être, en supposant même dans l'avenir la ville considérablement agrandie et enrichie.

Nous proposons donc d'utiliser une notable partie de cet espace arraché à la fureur des vagues, en destinant à la bâtisse 10 millions de mètres carrés sur les 15 à 18 millions que l'on comprendrait pour créer de nouveaux quartiers construits sur empierrement et béton à la manière de l'ancienne, célèbre et poétique Venise.

---

(1) On craindrait peut-être que les immondices rejetées par la roue n'allassent, quoique en faible partie, dans le nouveau port, et cela malgré le petit courant que nous voudrions y produire en faisant déboucher près du *Château-Vert* le canal de la Durance, aujourd'hui en voie de construction. Dans ce cas, nous proposerions de faire déboucher dans le nouveau port le canal qu'on veut construire entre Marseille et les Martigues. Ce canal, comme il sera dit dans un article séparé, sans cesser d'être navigable à tout instant, pourra, au moyen d'un moulinet hydraulique, comme celui du débouché de la jetée, amener un volume considérable des eaux des Martigues qui, cessant elles-mêmes d'être malsaines, produiraient un courant dans le port et chasseraient en conséquence par le goulet les parcelles d'immondices du vieux port qui viendraient s'y égarer.

Ce quartier renfermerait un second port deux fois plus vaste que celui qui existe, des docks dont Marseille a si grand besoin, des débarcadères maritimes et des chemins de fer, des chantiers de construction et de carénage, enfin, un immense arsenal pour la marine impériale, avec un bassin séparé placé dans l'intérieur de l'établissement; car ce port peut devenir, comme nous le verrons plus bas, capable de la plus vaste défense, partagée en trois zones de feux formidables et croisés. Ce port offrirait au pays des avantages immenses par la centralisation du matériel maritime sur la Méditerranée et la facilité de son évacuation, soit par terre sur Toulon, soit par les eaux intérieures du canal des Martigues; position inappréciable pour la défense des côtes et le mouvement des flottes en temps de guerre.

Les établissements cités plus haut serviraient, d'un autre côté, à attirer la population et le commerce dans ce nouveau quartier et donneraient une valeur réelle à un terrain stérile et improductif devenu, par ce moyen, riche et imposable. La valeur de ces terrains devra, comme nous verrons, couvrir toutes les dépenses des travaux désignés par le système (1).

L'étude suivante de chaque partie du système projeté en démontrera la valeur et les moyens d'exécution.

CANAL.

Le résultat définitif de l'établissement du canal désigné pour la salubrité de ce port ne peut être douteux.

1° Il intercepterait l'infiltration future des immondices, prévision qui ne permettra pas que l'état présent se renouvelle à l'avenir;

2° Le renouvellement de l'eau, infectée maintenant par le continuel contact avec les matières fécales de la vase, aura pour résultat immanquable de faire disparaître l'odeur fétide et les qualités dangereuses de cette vase, absorbées peu à peu par le courant artificiel de l'eau sans cesse renouvelée. Ce qui permettrait, s'il était jugé nécessaire, d'opérer l'enlèvement de cette vase par le dragage ordinaire, opération maintenant dangereuse pour la santé des habitants, et qui sera, selon toute probabilité, superflue dans l'avenir.

On aurait tort de supposer que ce courant, ce renouvellement de l'eau

---

(1) Dans l'article *Considérations générales*, nous poserons quelques idées qui pourront être présentées au Gouvernement par la Compagnie, comme conditions de la livraison gratuite des terrains de l'arsenal et des batteries de défense; l'acceptation de ces idées donnerait une valeur énorme aux terrains de ce quartier spécialisé par ce moyen et approprié aux besoins nouveaux du commerce français sur la Méditerranée, du transit et des entrepôts.

du port doive être seulement temporaire, et qu'on pourra le supprimer lorsque le port aura acquis le degré de salubrité jugée nécessaire. Au contraire, deux autres considérations ordonnent de poser le renouvellement continuel de l'eau comme condition essentielle de l'entretien futur de ce port.

1° Parce que le courant produit sur toute la surface du port, en entraînant à sa suite la poussière provenant des marchandises débarquées et du nettoyage des vaisseaux, ne peut qu'entretenir la propreté, ce qui ne saurait être envisagé comme un luxe inutile ;

2° Parce que l'eau du port, par ses chutes dans le fond de l'égout, peut entraîner seulement ainsi, sur la pente du fond du canal jusqu'au débouché, les parties solides et lourdes charriées par les ruisseaux de la ville. Sans cette précaution, le canal serait bien vite obstrué par les masses fécales que l'on serait obligé d'enlever à bras d'homme ;

3° Ensuite le moulinet du débouché compte justement sur la colonne l'eau du port pour annuler la pression de l'eau de la rade sur les palettes et utiliser chaque instant de la vitesse acquise à la masse d'eau du canal.

Le canal ne peut pas ou ne doit pas au moins commencer plus haut que le premier pont de la Douane. On pourrait, il est vrai, poser avec raison la première pierre près du bassin de carénage ; mais alors il faudrait déplacer la Douane et la transporter, par exemple, vis-à-vis le fort Saint-Jean, à cheval sur les deux quais de l'ancien et du nouveau port, précieuse position pour un pareil établissement ; mais ce serait ôter à ce vieux quartier le seul centre d'attraction qui puisse contrebalancer ceux que nous proposons d'établir dans le nouveau port, égalité nécessaire à maintenir avec justice, la distribution des bienfaits administratifs que je tâcherai de défendre dans toute occasion.

Le début du canal ainsi fixé, sa longueur totale aura approximativement, jusqu'au delà du fossé Saint-Jean, 1,300 mètres, à en juger par la carte marine dressée dernièrement et publiée sous le ministère de M. l'amiral baron de Mackau, qui nous a servi à poser ici nos tracés etnos dimensions.

Ce canal interceptera dans son parcours les 30 ruisseaux qui charrient aujourd'hui dans le port les immondices de la ville ; leur maximum est évalué à 6 mètres cubes par seconde, en comptant pour chaque égout le maximum de 50 centimètres carrés de section et une vitesse de 4 décimètres par seconde. Le nombre des déversoirs pratiqués dans l'autre paroi de ce canal devra être naturellement proportionné au volume rejeté dans la rade par le débouché du canal. Leurs dimensions nous seront tracées par la pression connue de l'eau du port, la proportion du volume rejeté par le débouché et par la hauteur acceptée de chaque déversoir de 2 décimètres. Les chiffres de cette proportion nous donneront celui de la longueur de chaque ouverture et la somme de leur développement. Du reste, nous ne voulons pas prouver ici le besoin d'employer des ajoutages à chaque déversoir, ainsi que (suivant la vitesse imprimée au moulinet) le nombre proportionné des déversoirs.

J'ai fixé provisoirement à 1 seul mètre au-dessous du niveau de la mer la profondeur du canal à son point de départ. Je doute qu'on puisse, sans inconvénient, diminuer quelque chose à cette dimension. Il serait aussi difficile de l'augmenter sans diminuer la pente du canal qui nous est utile, ou sans augmenter la profondeur du point fixé pour le débouché, ce qui augmenterait les difficultés et les inconvénients qui y sont attachés, comme nous verrons plus loin.

Nous avons choisi cette profondeur de 1 mètre après une étude des sondages de la rade, après leur rapprochement avec les distances auxquelles ils sont placés, et des pentes entre lesquelles il aurait fallu opter. Cette pente est assez considérable pour nous laisser établir une différence assez grande entre le niveau de la mer et celui du canal, différence que nous croyons pouvoir utiliser : 1° pour précipiter le mouvement de la masse contenue dans le canal, par la force de la chute ménagée ainsi pour l'eau du port qui tombera dans le fond du canal par les déversoirs pratiqués au niveau de la mer ; 2° nous voulons aussi, par ce moyen, rendre la dépense des déversoirs indépendante du niveau et de la vitessse du canal, chose nécessaire comme nous le verrons plus loin. La différence de ces deux niveaux n'est pas naturelle. Nous l'obtenons seulement après trois ou quatre premiers tours de rotation imprimés au moulinet, avant que les déversoirs aient été ouverts, pour fournir dans la suite un volume d'eau égal à celui rejeté par le débouché, et maintenir ainsi la capacité du contenu du canal.

La pente. — Si le chiffre de 3 millimètres pour 1 mètre de pente que nous avons dit au commencement avoir adopté pour la pente du fond de notre canal, semblait trop élevé, comme pente d'un égout, il faudrait remarquer que c'est presque un minimum pour une pente qui doit faciliter la transmission au point du débouché de la masse d'eau fournie par les déversoirs, poussée d'un côté par la force des chutes, sollicitée de l'autre côté par les suppressions successives des masses énormes de liquide contenues entre les palettes du moulinet. Cette pente ne peut donc jamais être assez forte, d'autant plus que la vitesse de la rotation du moulinet doit être, comme nous verrons, proportionnellement beaucoup plus lente que la vitesse naturelle du liquide pouvant être obtenue sous la sollicitation de cette même pente.

3 millimètres de pente sont toutefois tout ce que la localité peut nous permettre d'adopter dans cette occasion, car nous sommes forcé de chercher, au bout de la pente adoptée, une profondeur double au moins de celle que nous aurions acquise pour le débouché du canal, et cela encore le moins loin possible du point de départ, sous peine d'augmenter indéfiniment les dépenses et les difficultés de la construction de la jetée. Nous venons de dire que la profondeur de la mer, pour le point extrême de la jetée, doit être au moins double de celle que le canal aurait acquise dans cet endroit, grâce à la continuité de la pente. C'est afin que les vagues de la pleine mer et toute la masse du remou, dans cet endroit, puissent avoir par elles-mêmes assez de force, pour enlever et acculer aux parois du môle et rejeter ensuite bien loin dans la rade le grand prisme d'eau fournie par le canal, laquelle, imprégnée des molécules pesantes et grasses des immondices, est spécifiquement plus lourde que l'eau pure de la rade. Sans cette précaution, indispensable ici, le débouché du canal serait bien vite obstrué par les parcelles solides de la vase déposée tout autour de la jetée.

Un demi-millimètre de plus, donné ici à la pente du canal, nous obligerait de prolonger la jetée de quelques cents mètres et à une profondeur chimérique peut-être. Donc, en nous tenant au chiffre de 3 millimètres pour 1 mètre, cette pente nous donne le chiffre de 15 mètres pour le débouché du canal, au bout de 5,000 mètres approximativement adoptés pour la longueur du canal, sous bénéfice de retrancher sur ce chiffre tout ce que nous pourrons, suivant les études futures des détails du projet que nous jugeons ici au maximum des difficultés possibles; car déjà aujourd'hui, quant à la longueur de la jetée, nous voyons que nous pouvons rencontrer la profondeur de 40 à 41 mètres nécessaire pour le débouché, à 2,300 mètres du rocher de l'Estou, point sur lequel nous avons aussi tracé le débouché sur le plan annexé à ce mémoire, ce qui réduirait aussi la longueur de la jetée au chiffre approximatif de 3,000 mètres que nous adoptons pour l'évaluation des dépenses au maximum.

La largeur de ce canal dépendra tout-à-fait de la proportion que nous donnerons au renouvellement de l'eau du port. Nous devrons seulement nous souvenir des difficultés de la construction de palettes trop larges, quoique d'un autre côté l'augmentation de la longueur du canal diminue, comme nous savons, l'effet de la résistance des parois sur la vitesse de l'eau. Du reste, comme nous le verrons, la plus ou la moins grande largeur du canal et des palettes influera dans une très-faible proportion sur la puissance de la force employée au mouvement du moulinet.

6 mètres de largeur, c'est le chiffre auquel nous nous sommes arrêté

et qui pourrait être changé sans inconvénient suivant des études ultérieures.

Ce chiffre de largeur acceptée donnerait une superficie de 90 mètres carrés à la seule section de la pente acquise au point du débouché, et sans compter les autres développements de cette surface que nous allons étudier plus bas.

La roue motrice (moulinet hydraulique). — Au débouché du canal (1), nous avons proposé d'établir une roue dont les palettes auraient les dimensions de la superficie totale et exacte de la section de ce débouché ; par conséquent, chaque palette ferait l'office d'un fond mobile (piston) qui maintiendrait avec une de ses superficies l'inertie de l'eau de la rade et briserait sa résistance ; tandis que, de l'autre, il recevrait le choc du courant du canal, autant que ce canal peut avoir une vitesse naturelle, plus forte que le mouvement de la palette. La masse liquide contenue entre les surfaces des palettes serait ainsi déplacée sous la double pression de la force motrice et du mouvement acquis à la masse du canal, laquelle est utilisée dans le moment suivant par la pente du fond du canal,

Le courant de ce canal ne peut être comparé aux courants ordinaires et connus ; ce canal peut être envisagé plutôt comme un *réservoir sous-marin*. Le mouvement de transvasement opéré par la rotation du moulinet ne commence que lorsque l'eau du canal a atteint un niveau uniforme (voulu ou trouvé), vu que le canal une fois écoulé dans l'intérieur de la jetée ne peut être entretenu dans l'état de *vide ;* au contraire, il est plein d'eau de mer, et, dans cet état, il reçoit l'emménagement de la roue. Les palettes peuvent être regardées comme *barrage* avant que la rotation leur soit imprimée, comme aussi à chaque temps d'arrêt que nous serons peut-être forcé d'employer, comme nous verrons, après un certain nombre de rotations du moulinet pour rétablir le niveau uniforme dans des circonstances données et des cas particuliers. Le courant produit dans ce canal n'est qu'une suppression consécutive des prismes de la colonne d'eau contenue dans ce réservoir ; et à mesure que s'opère cette suppression, les déversoirs du port, sortant tous ensemble, fournissent dans le même temps, et avec la vitesse de la pression naturelle de la masse du port, le volume déplacé, dépensé par un seul et unique point de débouché, en maintenant ainsi la capacité du contenu dans son volume uniforme.

La pente aide et entretient le mouvement de *transmission* continuelle

(1) Nous verrons plus loin les causes qui nous obligent de placer la roue à cet endroit de préférence à tout autre.

qui s'opère entre les déversoirs et le débouché. Nous connaissons la vitesse de l'eau fournie par les déversoirs; elle est naturelle et dépend de la pression du contenu du port. Nous ne pouvons ni la diminuer, ni 'accélérer; nous pouvons seulement, par l'emploi d'un plus ou moins grand nombre de déversoirs, diminuer ou augmenter suivant notre volonté le cube d'eau déversée par le port.

Quant à la vitesse de la dépense du débouché, elle prend forcément la vitesse imprimée aux palettes de la roue et qui dépend de notre volonté. Quelle sera donc la vitesse des points intermédiaires du canal le long de son parcours? Elle devra être en proportion inverse de la section perpendiculaire du canal dans chacun de ces points intermédiaires, suivant la proportion du cube de l'eau dépensée par le débouché, et égale au cube de l'eau fournie par les déversoirs. Cela veut dire que la vitesse de l'eau du canal augmentera à mesure que la section du canal et la profondeur de sa pente diminueront en remontant vers le début de l'égout. La vitesse de l'eau augmentera encore à mesure de l'éloignement du débouché; c'est l'inverse des chutes d'eau naturelle. Aussi, comme nous l'avons dit, le cours de notre canal ne peut leur être comparé; nous devons l'assimiler plutôt au mouvement du liquide sollicité par l'aspiration d'un piston d'une superficie plus étendue que celle de l'orifice parcouru par le liquide, qui va prendre la place du *vide* opéré par le mouvement du piston. Dans ce cas aussi, le cube du vide, opéré par la vaste superficie du piston qui se meut avec une faible vitesse, est remplacé dans le même espace de temps par la colonne d'eau, dont la section n'est que la faible superficie de l'orifice (d'un tuyau de pompe, par exemple), mais dont la vitesse accélérée égalise dans la même parcelle de temps le cube de l'eau fournie avec le cube du vide opéré.

Dans notre canal, la même chose a lieu pendant le mouvement de rotation des palettes, qui font ici l'office réel d'un piston faisant le vide, sollicitant et forçant la masse d'eau du canal avec la superficie entière de chaque section, de chaque point du canal, à subir le mouvement que lui imprime le poids de la colonne d'air qui pèse d'un poids égal sur toute la longueur de la nappe du canal, et lui fait substituer sur chaque point du parcours partout le même cube du vide opéré par le mouvement de la palette au débouché; c'est ce qui n'a pas lieu dans les cours ordinaires où les molécules se meuvent suivant la différence des résistances que le poids naturel de chaque molécule rencontre sur une pente, en amont et en aval de son point de gravité. Ici, au contraire, c'est toute la masse du contenu qui subit simultanément la même pression, jusqu'à ce que chaque point de la masse ait fourni en aval le même cube du liquide. Dans ce cas-ci, la pente ne sert qu'à entretenir ce mouvement de transmission, elle n'est accélératrice que tout près du débouché, si le mouvement produit par la palette est moins grand que la vitesse possible à obtenir de la pente; c'est pour cela que nous aurions besoin de la plus grande pente possible pour pouvoir donner plus de vitesse à la roue motrice. Le choc produit sur ce point par le surcroît de vitesse causera probablement un engorgement d'eau près des palettes, un remou qui élevera le niveau du canal au-dessus du niveau primitif, tandis que, plus en arrière du débouché, à mesure que la vitesse sera accrue, la force accélératrice de la pente ne fera que transmettre la vitesse acquise. D'un autre côté, à mesure que la section du débouché diminue, la résistance des parois grandira, et cette force retardatrice produira l'abaissement du niveau à chaque point du canal en arrière; donc, le niveau du canal ne peut alors prendre la pente du fond du canal, comme cela doit arriver dans chaque courant ordinaire. Au contraire, dans cette circonstance, dans le cas où la roue recevra un mouvement moins grand que le poids naturel de la colonne transmissible par la pente, le niveau du canal aura une pente inverse à la pente du fond dont le point le plus bas sera placé, soit quelque part le long du parcours du canal, soit, comme il est possible, à l'extrême profondeur du début de cet égout que nous avons placé à 1 mètre au-dessous du niveau.

Il en serait toutefois autrement si le moulinet recevait une vitesse plus grande que celle du poids de la colonne transmise par la pente au premier mouvement de vide opéré. Il en serait comme dans une pompe aspirante dont le piston sollicite trop vivement la masse d'eau poussée par son hémisphère; elle arriverait plus tard que la palette, et, dans ce mouvement, la vitesse de la pente deviendrait une force retardatrice qui aurait pour résultat l'abaissement successif du niveau près des palettes à chaque instant suivant de la rotation. Ce qui diminuerait non-seulement la dépense du moulinet avec le cube de cette proportion, mais forcerait à l'augmentation de la puissance employée au double du cube diminué, ferait incliner le niveau du contenu du canal suivant la pente du fond, et aurait pour résultat de faire monter ce niveau dans l'égout jusqu'à ce que les déversoirs l'aient fait venir à la hauteur du niveau de la mer. Arrivés à ce point, les déversoirs cesseraient de fournir avec la vitesse de la pression uniforme et constante de la masse du port, mais autant seulement que leur permettrait la résistance du contenu du canal. Cette considération nous oblige à placer une grande partie des déversoirs au niveau de la mer, pour rendre leur dépense indépendante du contenu du canal. Dans ce cas, un ralentissement notable ou un temps d'arrêt imprimé à la machine permettrait au moulinet de recommencer de nouveau à rejeter le volume nécessaire et diminuer la force employée. Ce sont ces considérations qui mettent au rebours en quelque sorte les données ordinaires des canaux et des cours d'eau naturels, et qui nous obligent à éloigner autant la roue motrice des points de départ du courant produit. Cette proportion d'un cubage énorme à rejeter à chaque seconde et l'établissement de la pente qui pourrait transmettre cette masse énorme ne peuvent être obtenus que par l'immensité de la section du canal et la vitesse du moulinet, proportionnellement plus petite que la vitesse possible de la transmission opérée par la pente, vitesse qu'on ne peut pas choisir volontairement, mais qu'il faut accepter suivant la localité et le cas. Ici, dans ce cas, l'augmentation de cette pente, unie au besoin de trouver une profondeur de la rade double de la profondeur du canal, nous aurait mis dans des dépenses de construction et des dimensions fabuleuses. Nous sommes donc forcé de nous contenter de la pente de 3 millimètres par mètre.

D'un autre côté, pouvons-nous diminuer de beaucoup le chiffre de la dépense du débouché ? Oui, nous le pouvons d'un tiers au moins ; mais cela ne nous ferait pas gagner un demi-million sur les dépenses du budget, tout en nous occasionnant une double perte, tant sur l'espace des terrains sollicités du gouvernement que dans l'efficacité du courant pour la salubrité du port.

En acceptant le chiffre de 38 mètres cubes par seconde de la dépense, pourrions-nous transporter le moulinet près du point de départ du courant, comme on voudrait le faire d'après les données généralement observées par les ingénieurs dans des opérations connues de transvasement ? Dans ce cas, quelle vitesse énorme ne devrions-nous pas employer au moulinet pour rejeter ce cube immense, malgré toutes les sections les plus fabuleuses d'un débouché et d'un canal monstrueusement large que nous vous voudrions construire ? Quelle est la pente qui pourrait faire suivre à la masse d'eau la vitesse imprimée à la roue ? Quelle force énorme de vapeur ne faudrait-il pas employer dans cette occasion pour imprimer cette vitesse aux palettes ?

Non, il est impossible de changer l'emplacement de cette roue avec les exigences du cube à rejeter, de la pente possible dans cette localité et de l'économie de la force motrice. Les chiffres pourraient mieux encore nous édifier, mais nous les réservons pour un exposé plus détaillé que celui-ci, qui résumera les raisonnements et les principes du projet. Aucune machine ne saurait remplacer le moulinet projeté et remplir sa mission. Le mouvement de notre moulinet supposé de 4 décimètres par seconde (le minimum de vitesse des courants) au centre de gravité du prisme contenu entre les palettes, nous obtenons la dépense énorme de 38 mètres cubes par seconde, qu'aucun système de transvasement ne saurait jamais offrir. Si l'application de ce piston renverse en quelque sorte le principe entier des cours d'eau, il présente aussi les résultats inespérés du cube de liquide transvasé et de la force nécessaire pour l'opérer. Ce qui sera seulement pour moi très-problématique (et les expériences que je me propose de faire viendront certainement l'appuyer), c'est la possibilité d'une régularité constante et parfaite du courant produit dans le canal. Il y aurait toujours une oscillation du niveau suivant la plus ou moins grande régularité de la dépense faite par le moulinet et de l'arrivage des déversoirs. Ni l'un ni l'autre, il me semble, ne pourront être maintenus en tout temps et en toute occasion dans une régularité parfaite. On sera toujours forcé de les régler à chaque instant du jour sur le mouvement oscillatoire du niveau, qui s'élèvera tantôt vers le débouché, tantôt prendra la direction du fond du canal. Cette irrégularité du courant serait plus variable si nous parvenions, par une économie nécessaire, à substituer de temps en temps à la vapeur un courant artificiel d'air que nous voudrions produire entre les murs de la batterie qui, en emboîtant les palettes sortant de l'eau, les garantiraient contre les coups de vent et l'atteinte des boulets ennemis.

Nous voudrions placer à la fin de ce mémoire un calcul appuyé par des expériences, un calcul des résistances qui agissent sur les surfaces des palettes, un calcul de mouvement de rotation donnée et de la puissance nécessaire pour lui imprimer la vitesse voulue. Nous dirons ici seulement, pour la généralité des lecteurs, qu'à part l'effet utile du choc, à part l'utilité du courant d'air produit nécessairement entre les murs qui emboîteront les palettes remontantes au-dessus du niveau de la mer, courant qui, suivant les expériences qui nous guideront, pourrait être substitué dans la suite à la vapeur ou qui y aidera notablement ; abstraction faite, disons-nous, de ces deux forces qui nous seront utiles, et assimilant, ce qui est impossible, le mouvement du prisme liquide sur la pente du fond du canal à la traction du solide : nous aurons pour expression de la force motrice nécessaire au moulinet, la puissance dynamique du poids naturel d'un seul prisme d'eau contenu entre les deux superficies des deux palettes, ce qui dépend à un certain point du nombre des palettes employées. Dans ce cas encore, le moyen de transvasement des liquides, comparé aux autres moyens connus, serait ce qu'est un chemin de fer à une poulie avec laquelle on voudrait soulever et déposer un poids donné à la même distance horizontale, parcourue dans la même parcelle de temps sur le chemin de fer.

Désignons maintenant les dimensions, la forme et les parties qui composeront la mécanique gigantesque du moulinet.

La section totale du débouché du canal à la fin des 5,000 mètres présumés de sa longueur et de sa pente uniforme de 3 millimètres pour 1 mètre, jointe à la hauteur de 1 mètre du canal à son début, a, comme nous voyons, la profondeur de 16 mètres sur 6 de largeur adoptée, d'un parallélogramme régulier tout le long de son parcours, attendu que les matières employées, le béton et les larges dalles de pierre, peuvent très-bien se passer de talus, ce qui n'augmenterait pas sensiblement la résistance du périmètre mouillé, mais augmenterait, au contraire, beaucoup le cube de la masse qui subira la plus grande vitesse du canal; car nous avons dû remarquer que, dans cette circonstance, la plus grande vitesse du courant n'aura pas lieu à la surface, mais tout au fond de la colonne du liquide mis en mouvement, parce que les prismes de la colonne suivront le mouvement des rayons de la roue motrice, et cela contrairement, comme tout le reste dans cette conception, aux règles et aux principes des cours d'eau ordinaires. La superficie de la section du débouché devra être nécessairement le plus parfaitement possible égale à cette surface de chaque palette qui lui sert de piston. Mais les besoins d'adopter les palettes à un axe assez fort pour supporter leur poids et servir de point d'appui à la rotation; ensuite l'intention de gagner plus de force active sur la circonférence de la roue et d'augmenter la superficie de la plus grande vitesse du courant qui est au fond du canal, en diminuant au contraire la superficie de la palette tout près de l'axe, où le choc et l'engorgement du liquide doivent hausser le niveau à mesure de cette diminution de superficie de la palette près de l'axe, et combler ainsi la différence existant entre la pression des colonnes de la rade et du canal sur les palettes, à raison de la différence du niveau qui peut exister : pour toutes ces raisons, nous sommes obligé d'agrandir les dimensions des palettes et de modifier un peu leur forme, ainsi que celle des parois du débouché.

Par conséquent, nous proposons : 1° de rétrécir le haut du canal de 1 mètre de chaque côté ; le canal aurait donc 4 mètres seulement de largeur à fleur d'eau, ce n'est qu'à 12 mètres de profondeur qu'il recevrait sa largeur uniforme de 6 mètres ; 2° pour restituer la superficie enlevée à la section du canal, nous augmenterions sa profondeur de 2 mètres, ce qui donnerait 18 mètres à la profondeur du débouché et à la longueur de la palette. En augmentant encore la longueur de la palette de 2 mètres, qui comprendront les dimensions de l'axe et des roues plates qui serviront à réunir les palettes entre elles et avec leur axe de rotation, nous aurons au total 20 mètres pour la longueur des palettes et du rayon de la roue (fig. 1), ce qui donnera juste pour nos palettes la proportion à 5 ou 6 entre la largeur horizontale et la face du côté du prisme : proportion la plus avantageuse pour briser la résistance d'un liquide inerte, et cela suivant les expériences devenues principes hydrauliques.

Dans ces 2 derniers mètres, nous comptons 20 centimètres pour le rayon de l'épaisseur de l'axe, et 1 mètre 20 centimètres pour le rayon des roues plates M. N. P. placées à 2 mètres de distance l'une de l'autre (voir la figure annexée n° 2) et d'une adhérence parfaite au corps de l'axe; il restera, en conséquence, 50 centimètres de distance entre la circonférence des roues plates et le niveau de la mer.

Les roues plates épaisses de 30 centimètres auront des entailles de 50 centimètres qui engrèneront les manches des baguettes en fer M. N. P. assujéties aux roues plates par les boulons *** (fig. 2) et maintenues entre elles par les triangles E. E. E., au nombre jugé nécessaire pour la solidité de la machine. Cette carcasse des palettes pourrait être revêtue, ou d'une surface métallique, ou recevoir dans des rainures pratiquées le long des baguettes une cloison de bois dont l'emploi offrira toutefois quelque difficulté, à moins de la couper en planches excessivement étroites qui pourront faire prendre aux palettes cette surface brisée que nous connaîtrons bientôt.

Pour diminuer la résistance de la colonne d'eau de la rade pendant le mouvement de chaque palette, résistance qui serait très-forte si la palette allait présenter au liquide une surface tout unie, nous proposons de briser la superficie de la palette, du côté qui regarde d'en-bas la rade, et de lui donner la forme d'une proue anguleuse du côté de la rade et creuse du côté du canal; nous diminuons ainsi la résistance de la masse dans les proportions connues de l'angle de la roue et suivant les tables dressées, d'après les expériences de Dubois et autres; et, en même temps, nous augmentons la force du choc imprimé par le courant à la superficie creuse dont chaque point sert de rebord au point qui le suit vers le point culminant de l'angle; tandis que, dans les palettes qui commencent à plonger dans le canal, le poids spécifique de l'eau contenue dans le creux dépasse de beaucoup le poids qui pèse sur la proue anguleuse de la palette correspondante de l'autre côté.

En considérant dans quelle proportion la résistance du liquide décroît en raison de l'angle donné au prisme qui doit se mouvoir dans ce liquide, on voudrait peut-être donner, contrairement à notre figure annexée, un angle uniforme à la proue formée le long de la surface de nos palettes. Mais sans compter les difficultés de l'exécution, elle ne nous donnerait pas beaucoup d'avantage pour briser la résistance du liquide; un angle uniforme sur toute la longueur de la palette offrirait autant de facilité au point du rayon près de l'axe qui a une très-petite circonférence à parcourir et une petite résistance à vaincre, qu'aux points extrêmes du rayon de la circonférence du moulinet qui auront des vitesses énormes et qui rencontreront des résistances proportionnées. Neus aimons mieux diminuer l'angle de la proue à mesure de la résistance que chaque point aura à vaincre et de la circonférence qui y correspond. Nous obtenons cette graduation de l'angle de la proue en inclinant son tranchant, (savoir : la baguette qui la forme) dans la direction et sur le plan même de la palette qui précède celle-là (fig. 3)) Ainsi, la baguette de la roue plate du milieu N, pour former la proue de la palette PP. MM., ne s'engrène pas dans l'entaille N qui se trouve sur le même plan perpendiculaire que PP et MM, dans l'entaille N^1 qui est sur le plan des rayons P^1P^1 et m^1M^1.

Cette direction donnée au tranchant de la proue rend enfin beaucoup moindre la résistance possible du passage d'un liquide dans un autre, du passage de la palette de l'eau à l'air et *vice versa ;* car la surface bombée en quelque sorte des palettes prend une forme extraordinairement brisée et qui donne une double pente, dont l'une s'incline vers les côtés des palettes, et l'autre vers leurs extrémités ; cette pente-là fait courir la masse liquide vers l'extrémité des palettes, l'enveloppe d'un remou qui choquera d'en-bas les surfaces opposées, et aidera considérablement chaque palette à sortir hors de l'eau et prendre une position horizontale au-dessus du niveau de la rade.

L'emménagement d'une pareille roue, construite *ailleurs,* et son transport seraient chose impossible et ridicule. Au contraire, rien de plus exécutable que de réunir *sur place,* une à une, toutes les parties de cette mécanique. Si ces parties paraissent grêles au premier coup d'œil, on les accepte facilement en considérant que l'effet et les résistances des forces opposées qui agissent sur cette machine sont distribués également sur tous les points des superficies qui la composent, sans se concentrer jamais sur un point unique.

Du reste, les dimensions gigantesques de cette conception mécanique pourront étonner les curieux, pourront, peut-être, faire crier à l'impossible le vulgaire, donner prise à la raillerie des malveillants et du public en France, trop inconsidéré dans ses entraînements et trop cruel dans l'inertie railleuse qu'il oppose à tout ce qui dépasse les proportions ordinaires des choses qui n'ont pas encore reçu le baptême de la mode et le concours intéressé et plus nécessaire encore d'un charlatanisme peu scrupuleux ! Tout cela est possible. Mais les dimensions de cette mécanique n'arrêteront pas certainement l'industrie de notre époque de prodiges, pour la faire exécuter dans toute son étendue, avec la perfection que les études ultérieures et les conseils de l'industrie pourront lui donner. Tout ce qui vient d'être dit au sujet du moulinet doit servir plutôt de principe général et démontrer la possibilité d'exécution, qu'à être pris pour un plan définitif...

Nous avons exposé la théorie de notre système d'assainissement dans toute son étendue, et nous ne comptons que sur l'exécution de ce système, quelque coûteux qu'il soit; néanmoins, nous pouvons assurer nos associés et nos lecteurs que nous croyons avec la plus grande certitude pouvoir arriver d'une autre manière aux mêmes résultats de transvasement, et avec une économie probable de 5 à 6 millions sur les 10 millions jugés nécessaires aujourd'hui. Mais comme le système que nous espérons employer au lieu du boyau souterrain et du moulinet hydraulique est susceptible d'être breveté; nous sommes obligé d'en différer la communication publique, tout en réservant à la Compagnie la faveur de l'employer dans notre opération de préférence à celui que nous connaissons. Nous continuerons donc à compter uniquement ici sur le système pratique, quoique coûteux, que nous avons développé.

En acceptant toutes les données théoriques de ce système d'assainissement et la nécessité des changements exigés par la création du port de la Joliette, le tracé possible du canal-égout devra alors commencer à la Santé, courir le long du quai autour du port jusqu'au bassin du carénage, pour être dirigé de ce point par un souterrain sous la montagne du côté de Notre-Dame-de-la-Garde, ou suivre les bords de la mer et déboucher enfin, toujours sous la protection et dans l'intérieur d'une forte jetée de béton, dans l'anse des Catalans.

L'importance du vieux port devant être nécessairement quelque peu diminuée par la création des établissements projetés dans la rade, on peut, avec justice, admettre des proportions moins considérables pour le volume d'eau de mer à rejeter. — D'un autre côté, les dangers que nous avons signalés plus haut et qui nous obligeaient à chercher une profondeur de plus de 40 mètres n'existeront pas ici, dans l'anse des Catalans dont le fond peut recevoir, sans aucun inconvénient, toutes les masses possibles de saletés de la ville, que la nature des vents prédominants dans ces parages portera toujours plutôt à l'Est et au Midi qu'au Nord-Est, vers la rade; par conséquent, nous pouvons, sans aucun inconvénient, diminuer les dimensions de notre nouveau débouché et, en raison de cela, les difficultés et les dépenses du projet primitif, qui se montaient à une somme trop considérable.

En supposant donc la longueur admise du canal-égout autour du port, à 2,000 mètres, celle de son prolongement jusqu'au point nécessaire dans l'anse des Catalans, à 3,000 mètres; en ceptant la pente de 1 demi-millimètre par mètre, nous trouverons, pour la hauteur de la section du débouché, 8 mètres; chiffre suffisant pour établir le volume nécessaire du courant (1).

Cette profondeur de 8 à 10 mètres du canal-égout nous permet de nous contenter de la profondeur de 12 à 15 mètres en mer dans l'anse des Catalans, profondeur que nous rencontrerons suivant les cartes marines, dans certains endroits de cette anse, à une distance de 100 mètres du bord de la mer.

Nous pouvons, par conséquent, admettre, comme maximum pour les dépenses des travaux proposés, le tableau suivant des dépenses évaluées au maximum possible.

TABLEAU DES DÉPENSES AU MAXIMUM POUR LES TRAVAUX DE L'ASSAINISSEMENT DU VIEUX PORT DE MARSEILLE.

1° 2,000 mètres d'un canal-égout autour du port, large de 6 mètres, en comptant 500 fr. par mètre courant, font.............	1,000,000 fr.
2° 3,000 mètres maximum de boyau souterrain, à 2,000 fr. par mètre...	6,000,000
3° 100 mètres de jetée pour établir le débouché du canal à la profondeur moyenne de 10 mètres, jetée large de 12 mètres au sommet, et de 24 mètres en moyenne à la base; en admettant le prix de 20 fr. pour l'empierrement et bloc de béton, l'un dans l'autre, ce qui fait 360,000 fr., mais que nous porterons au double pour l'imprévu, nous aurons................................	700,000
4° Les deux roues du débouché...........................	80,000
5° Machine à vapeur de 40 chevaux........................	40,000
6° Dotation à perpétuité de la machine à vapeur............	200,000
Total...........	8,020,000 fr.
Nous admettons............	10,000,000 fr.

(1) 8 mètres de hauteur des palettes sur 6 de largeur donneraient une proportion trop désavantageuse au mouvement du moulinet. Nous croyons donc utile de faire deux moulinets et deux débouchés, chacun sur 3 mètres de largeur; ce qui nous procurerait non-seulement un prisme d'une proportion plus profitable pour la vitesse de la roue, mais encore l'avantage d'avoir une roue et un débouché de rechange, en cas d'accident.

Planche N° I.

Vue figurative
du débouché du Canal
dans la Mer.
Fig. 1
Niveau de la Mer
Fig. 2
Fig. 3
E
M
N
P
X
Litho. Barousse, Cour du Commerce, 12, à Paris.

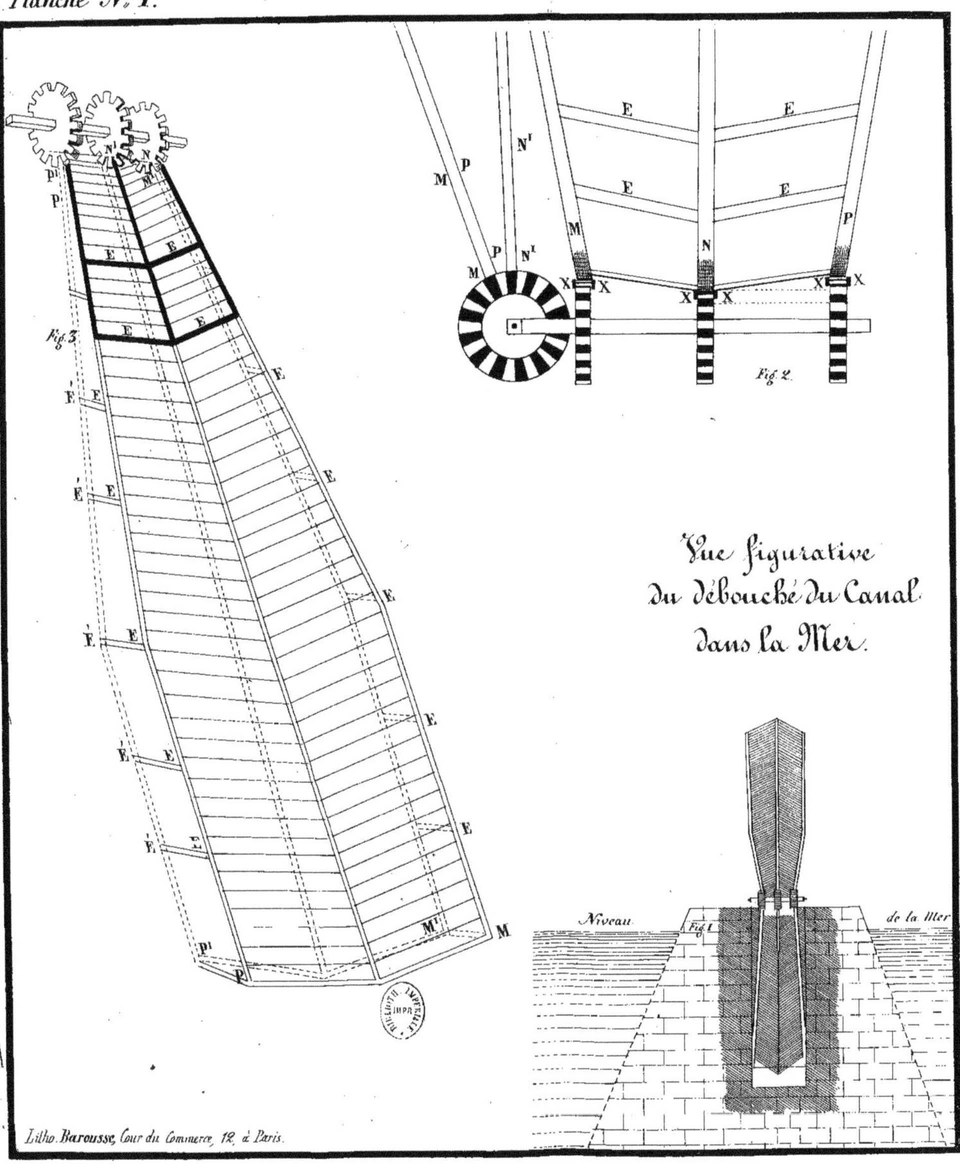

Le volume des immondices rejetées sera donc approximativement de 20 mètres cubes par seconde, et, en admettant, dans cette masse, le tiers pour les ordures de la ville et le reste pour l'eau croupie du port, nous trouverons que toute la masse d'eau du port, de 220,000 mètres carrés de superficie, et de 7 mètres de profondeur, sera renouvelée à peu près toutes les 24 heures.

Il nous serait facile de placer en regard des résultats immenses et évidents de notre système, qui assainit radicalement et pour toujours ce cloaque marseillais, tous les projets proposés à différentes époques, dont l'insuffisance se joint à l'inconvénient de coûter beaucoup, soit à la ville de Marseille, soit à l'Etat. Ce rapprochement serait curieux et instructif; nous tâcherons de le faire dans une prochaine publication : qu'il nous suffise ici d'exposer la grandeur des résultats, qui ne sauraient être contestables; la simplicité des procédés qui, quoique nouveaux, n'en sont pas moins rigoureusement logiques et appuyés sur les notions de la théorie la plus expérimentée du mouvement des fluides. Enfin, nous produisons ici notre devis au *maximum* qui porte, non-seulement sur les prix des choses, mais encore sur les dimensions et les tracés supposés. Nous laissons ainsi le capitaliste dans la parfaite sécurité que le chiffre admis des dépenses ne pourra jamais être dépassé; nous donnons à l'administration de la Compagnie, non-seulement la possibilité de faire face à toutes les éventualités, mais encore la facilité de faire des économies certaines; enfin, nous lui donnons la faculté de discuter avec le gouvernement tous les tracés, toutes les dimensions de ce système dont nous ne demandons à établir que les bases, ainsi qu'on l'a vu, du reste, dans notre demande en concession.

A cet exposé de notre système d'assainissement nous avons besoin de joindre une observation touchant l'emploi des ressources provenant des terrains du Lazaret. Le gouvernement a décrété que ces ressources couvriront les frais de l'assainissement à établir. Comme on a pu s'en apercevoir dans la demande en concession, nous sollicitons la propriété de toute la colline du Lazaret. Nous y avons droit évidemment.

D'un autre côté, il est de notoriété publique que la municipalité de Marseille, ayant obtenu de la générosité de Sa Majesté l'Empereur une somme de 2 millions, il reste encore 3 millions à prélever sur le prix de vente de ses terrains, pour l'érection de la nouvelle cathédrale. Il y a plus, le projet de création d'un palais impérial à Marseille intéresse à un très-haut point l'amour-propre et l'avenir de cette ville, aussi bien que les intérêts moraux du gouvernement de Sa Majesté. Eh bien! il est évident que l'Etat ne peut pas supporter les frais considérables de ce palais, et la ville, obérée qu'elle est par des dettes nombreuses, ne peut compter que sur cette seule et unique ressource qui lui reste, les terrains du Lazaret.

La Compagnie tient et doit tenir à la possession de ces terrains, moins comme à une ressource financière que comme à un moyen de se procurer, au midi des travaux projetés dans la rade, de la pierre naturelle pour nos travaux hydrauliques et d'empierrement. La Compagnie aura, il est vrai, ses ateliers au fond de la rade suffisamment approvisionnés par les déblais de la partie du canal projeté entre la rade et la côte de Martigues; mais il serait indispensable, pour l'économie et la promptitude d'exécution de ces travaux, que la Compagnie eût le pouvoir de raser la colline du Lazaret.

L'Etat et la ville auraient, par conséquent, le choix de deux alternatives : ou les terrains du Lazaret resteraient dans la possession de la ville, libre de frais d'assainissement du vieux port et n'ayant à supporter que ceux de la cathédrale et du palais impérial; et, dans ce cas, la vente ne pourrait avoir lieu qu'après le nivellement de ces terrains qui acquerraient déjà par cela seul un surcroît considérable de valeur; ou bien, la Compagnie, en recevant la concession des terrains, prendrait à sa charge la somme nécessaire encore pour la cathédrale, ainsi que les frais du palais impérial.

Il est évident que la Compagnie ne peut pas se refuser à supporter ces deux charges, si elle doit devenir propriétaire des terrains du Lazaret. Mais, d'un autre côté, comme nous l'avons dit, il est juste, attendu que ces terrains sont destinés, par un décret spécial, à couvrir les frais de l'assainissement du port; vu que l'État et la ville sont intéressés dans les bénéfices de la Compagnie, la ville pour le 5 pour 100 et l'Etat pour le tiers du restant de ces bénéfices; il est naturel et juste, disons-nous, que la Compagnie retire au moins de cette propriété ce qui lui est indispensable, la pierre naturelle, en abandonnant la surface du terrain à la ville. Si la Compagnie devait rester propriétaire du Lazaret, elle tiendrait, nous en sommes certain, à destiner une superficie considérable, la plus éloignée de la mer, pour l'emplacement du palais impérial qui dominerait ainsi de ce point, et de toute la hauteur de la colline, tout le nouveau quartier et la partie rasée de cette falaise. Position à cheval sur les deux quartiers, et admirable, au point de vue du pittoresque et de l'architecture.

Resteraient encore à régler entre la Compagnie, l'Etat et la ville de Marseille, l'emploi et la régularisation des travaux et des dépenses, faites déjà pour un égout qui est en voie d'exécution et destiné à intercepter une partie des immondices de la ville.

Le concessionnaire s'engage à faire emploi utile des travaux commencés et à les faire entrer dans le système exposé plus haut. Il prendrait aussi à la charge de la Compagnie les dépenses faites déjà et les indemnités directes ou indirectes, dues aux intérêts privés, et se rattachant d'une manière quelconque à ces travaux; le système en voie d'exécution n'aurait jamais pu amener les résultats nécessaires d'un assainissement radical que procurera le nôtre et que nous nous engageons à mettre à exécution, aux frais d'une compagnie particulière. Il faut donc abandonner l'égout commencé et l'utiliser comme on le pourra. C'est un sacrifice d'un million à peu près, et la Compagnie est en état de le faire pour le bien général.

CHAPITRE III.

Le Quartier des Docks.

Comme nous l'avons vu dans le premier chapitre, l'idée de créer dans les rades et le long des côtes un sol artificiel sur empierrement et béton, a été émise par son auteur en 1844, ainsi qu'on le sait, dans le but de procurer les moyens financiers pour l'assainissement.

Cette idée originale, s'il en fut jamais, est motivée logiquement par le manque des terrains propres au développement commercial et maritime dans cette localité, lesquels, concentrés aujourd'hui sur un point unique et borné, ont acquis des valeurs fabuleuses au détriment de la fortune publique, du commerce de détail et de la population industrielle.

Et si nous jetons un coup d'œil en arrière sur les années écoulées depuis 1814, dans le courant desquelles la population marseillaise a augmenté de 80,000 âmes ; si nous reportons ensuite nos regards sur l'avenir probable de cette ville ; si nous la supposons assez intelligente pour comprendre tous les avantages de sa position géographique et la nécessité d'étendre au loin ses opérations et de les organiser sur une échelle qui réponde aux habitudes de notre siècle, dans les centres considérables du commerce chez des nations rivales ; il est évident qu'il faut remercier le ciel d'avoir laissé au moins un moyen artificiel d'obvier aux inconvénients de la position topographique de la ville et du port antique de Marseille.

En effet, il est heureux que la nature rocheuse du fond de la mer, dans toute la partie méridionale de la rade, permette de se passer de toute consolidation de ce sol avant de commencer les fondations des bâtisses en mer.

Il est encore aussi heureux que providentiel que le fond de toute cette partie de la rade soit presque à fleur d'eau et n'atteigne pas même les profondeurs de 15 à 20 mètres, presque sur toute la ligne qui suit parallèlement le rivage de la rade à la distance de 1,200 à 1,500 mètres, en commençant de la jetée du Nord, du port de la Joliette.

Avec un sol moins solide et des profondeurs plus considérables, cette ressource même artificielle eut manqué à la ville de Marseille pour développer ses avantages maritimes et sa richesse commerciale. Dans cette hypothèse, cette ville eutatteint aujourd'hui l'apogée de sa grandeur possible ; tout l'avenir qui l'attend devant échoir à un point de la côte plus heureusement situé.

En effet, où aurait-on pu placer les docks qui sont tellement indispensables aujourd'hui pour tout centre du commerce maritime, surtout pour Marseille? Nous parlons des docks construits dans les conditions de bon marché et de grandeur nécessaires pour rivaliser avec les docks de Londres pour un grand nombre des produits bruts et manufacturés. Où aurait-on pu placer avantageusement les immenses usines, filatures de coton et autres fabriques qui viendraient naître autour de ces centres de dépôts?

Non, jamais la vieille ville de Marseille, dans son emplacement présent, n'aurait pu suffire aux exigences du développement de son activité, appelé sur ce point par la création convenable et nécessaire des docks, à moins de convertir en bassin maritime tout le terrain plat de la ville, et en nivelant à coup de pioche et à la mine les rochers qui posent aujourd'hui des limites infranchissables à son extension; et encore, cette supposition admise, combien la ville de Marseille serait-elle à l'étroit, même après avoir cédé à la mer un sol antique, qui vaut pour ses possesseurs son pesant d'or!

Car il faut bien le comprendre, une ville maritime de premier ordre a besoin de certaines conditions de locomotion, proportionnées au mouvement commercial qui s'y fait, ou que cette ville doit ou veut attirer. Eh bien! la première condition de la facilité et des avantages de ce mouvement est, sans aucun doute, le développement proportionné des quais maritimes et leur proximité des habitations. Toute la puissance de Venise, toute la prospérité d'Amsterdam ne sont venues que de là.— Pourquoi? Parce que ce qui est une facilité et un avantage pour le mouvement commercial des individus et des marchandises sert encore de mobile, de propulseur au développement de la population maritime dont les habitudes et les nécessités d'existence obligent les capitaux à des expéditions lointaines et au mouvement plus rapide du commerce, qui fait vivre les basses classes et gagner des bénéfices considérables à ceux qui les emploient.

Venise, sans possessions territoriales, ou à peu près, a pu mettre néanmoins en mer les armements les plus considérables que le moyen-âge ait jamais vus. Et pourtant, cette ville n'avait qu'une population née sur ses canaux, pour monter et équiper ses forces maritimes, et cela en même temps que des milliers de bâtiments du commerce vénitien parcouraient toutes les mers du monde connu.

Voilà ce qui manquait et ce qui manque encore à la ville de Marseille, des quais! C'est nous qui pouvons seulement répondre à ce besoin, tout en procurant à la France le moyen inconnu dans ce pays, mais d'une puissance incontestable pour le développement des ressources maritimes.

Avec ces deux circonstances, dues à la bonté du ciel qui doit avoir ses vues providentielles sur cette superbe localité, avec la solidité du fond, du roc pur, sur lequel les meilleures ancres sont brisées comme verre, pendant les tempêtes : ce qui empêche les vaisseaux de l'État de stationner jamais dans cette rade ; grâce au peu de profondeur de cette surface de la mer, l'avenir de Marseille non-seulement est garanti, mais encore, ce qui semblait être un défaut naturel de la localité, se change en autant d'avantages et devient le mobile d'une plus large et plus brillante existence pour la cité des Phocéens. L'antique Massilia est destinée aujourd'hui à être la véritable reine de la Méditerranée et à primer même un jour peut-être Paris, sur le sol français.

Trois considérations principales sont à examiner dans l'exécution pratique de cette idée :

1° Le prix de revient de ce sol artificiel ;

2° La sécurité de ce quartier ;

3° Les conséquences de cette création pour les quartiers existants.

Les dépenses de ce sol et de ce quartier artificiels sont et doivent être de double nature, et seront, par conséquent, appréciées et calculées séparément.

D'abord, ce sont les travaux de défense contre la mer, les jetées qui doivent couvrir l'espace réservé au développement progressif de ce sol ; ces travaux, comme les plus avancés dans la mer, rencontreront, par conséquent, les profondeurs les plus considérables. Ils devront encore, à cause du but pour lequel ils seront construits, présenter les plus minutieuses conditions de sécurité quant à leur force, leurs dimensions et la qualité des matériaux qui y seront employés. Il faut encore compter dans cette partie des travaux du nouveau quartier ceux proposés pour les docks ; car ces établissements non-seulement devront être placés dans des profondeurs assez considérables pour faire arriver dans leurs bassins les vaisseaux du plus fort tonnage, par conséquent, approcher les profondeurs de 9 mètres, et coûteront ainsi plus que le restant des travaux en mer ; mais les docks sont encore les pivots et les bases du développement futur de notre quartier. Les jetées et les docks forment donc une catégorie distincte du restant des travaux proposés sur ce point. — C'est par eux qu'il faudra commencer; ce sont uniquement ces travaux-là qui devront être exécutés avec une partie du capital constituant de la Compagnie.

Comme toujours, et surtout dans nos projets, contrairement aux habitudes d'un grand nombre d'ingénieurs, habitudes que nous regarderons toujours comme fatales à l'industrie française et à la réputation des hommes qui la dirigent ; nous proposons ici nos devis au *maximum possible*, en laissant au bon sens du public français le soin de prononcer, ce qui est plus rationnel et de plus habile, ou de tromper les actionnaires par des devis *prétendus précis*, en disant : *Une fois l'argent engagé, on sera obligé de donner ce qu'il faut :* ou bien, de faire d'avance, ouvertement les devis des travaux, en admettant les difficultés les plus considérables et les prix les plus élevés. Ce système procure au capitaliste la tranquillité ; à l'administrateur les moyens d'action nécessaires et l'honneur des économies considérables. Ce système est d'autant plus profitable à notre opération que nous commençons avec un capital de 300 millions, qui représente peut-être le tiers, et certainement la moitié seulement du capital devant être employé dans le courant de nos travaux. Par conséquent, tout le *boni* sur nos travaux évalués de cette manière est de l'argent comptant à déduire des emprunts hypothécaires ou autres, auxquels la Compagnie aura besoin de recourir, dans tous cas, pour exécuter tout le travail entrepris.

Pour les travaux fondamentaux du quartier des docks, nous admettons donc :

Pour les jetées.

Longueur possible...........	4,000 mètres.
Largeur au sommet.........	8
— moyenne à la base...	18
Profondeur moyenne........	12

nous aurons par conséquent 624,000 mètres cubes pour la capacité de la jetée, à raison de 20 francs par mètre cube de bloc artificiel, de 6 francs par mètre cube de pierre naturelle; et, en supposant l'emploi par moitié de chaque espèce, nous aurons pour les

jetées une dépense d'environ.................. 8,000,000
Imprévu.. 4,000,000
Frais d'administration, matériel non compris. 3,000,000

Total pour les jetées.... 15,000,000

Pour les docks.

Superficie artificielle en moyenne pour chacun 3,000 m.
Profondeur moyenne.................. 9
Donc, capacité du terrain artificiel pour chaque dock, en moyenne.................. 27,000

Proportion entre le bloc et la pierre naturelle, comme ci-dessus.

Construction des magasins autour du bassin, selon la spécialité de chaque dock, 3 millions, l'imprévu compris.................................. 4,000,000

Cinq docks à 4 millions.................. 20,000,000
Pour les jetées.................. 15,000,000
Matériel.................................. 2,000,000

Total pour le quartier neuf... 37,000,000

nous admettrons 50 millions.

Voilà donc la dépense des travaux devant servir de base au développement futur et progressif du terrain artificiel, sur la vente duquel nous comptons, non-seulement pour couvrir les déboursés des jetées et des docks, 50 millions admis, mais encore les 10 millions de l'assainissement du vieux port.

Pour ce qui est du reste du sol artificiel :

La population peut-elle se jeter tout d'un coup et immédiatement dans ce nouveau quartier? Non, c'est impossible, n'importe quelque puissant que puisse être l'attrait qui serait mis en avant pour attirer le commerce et l'industrie. Peut-il exister quelque avantage que ce soit dans l'exécution totale et immédiate de ce sol artificiel? Non, jamais aucun, excepté celui de la locomotion de plain-pied au détriment de celui par eau que nous croyons devoir favoriser dans l'intérêt de la France maritime. Par conséquent, la création de tout ce terrain doit être subordonnée aux besoins croissants et progressifs de ce quartier, elle doit être partielle suivant que la population choisira tel ou tel autre point de cette étendue et qui communiqueront entre eux par bateaux plutôt qu'au moyen de voitures; en un mot, la dépense de ces travaux ne portera pas sur le capital actif de la Compagnie, mais elle devra être reportée sur les ressources successives des quatre-vingt-dix-neuf années de l'exploitation et de la concession. Il y a plus, cette opération devant suivre seulement les demandes de chaque moment, et ayant besoin d'être menée rondement, dans peu d'instants, facilitée qu'elle doit être toujours par l'emploi d'un grand nombre de bras et un matériel considérable; le capital devant servir à la création du sol artificiel destiné à la bâtisse ne sera, par conséquent, *qu'un fonds de roulement,* couvert immédiatement et au fur et à mesure par le prix de vente ou de la location de ces terrains.

Au point de vue de l'emploi du capital actif de la Compagnie, nous n'avons donc nullement à nous préoccuper des fonds nécessaires pour créer toute cette immense partie de notre opération industrielle, qui effraie les esprits vulgaires ou les personnes qui croient à l'exécution simultanée et immédiate des quelques millions de mètres carrés de cette superficie. Il y a certes de quoi effrayer l'imagination la moins vive. Quant au prix coûtant de ce travail, il variera d'abord nécessairement selon les profondeurs qui sont excessivement variables, dont la plus grande partie flottera entre 0,20 c. et 1 mètre 50 c., mais dont les plus fortes ne dépasseront jamais 9 mètres. Ensuite, selon le mode que les personnes intéressées choisiront pour la *confection,* je puis employer ce terme, du terrain sur lequel ils devront construire plus tard leurs bâtisses et qui leur sera livré pour ainsi dire avec les fondations des maisons à élever.

Il y aura certainement trois modes de construction de ce terrain artificiel; d'abord, pour chaque maison, pour chaque propriétaire, on pourra combler de pierre naturelle une superficie entourée d'une ceinture en blocs et en massifs de béton, du côté du canal principalement; ensuite, c'est à des superficies entières, pour des quartiers entiers, qu'on pourra appliquer ce système. Enfin, sur des murs solides en blocs de béton, coulés en mer, on pourra construire des voûtes formant la superficie désirée. La solidité du sol et l'adhésion au sol des murs coulés en mer, permettront sans le moindre doute de vider les caves ainsi construites et d'en faire un emploi utile surtout après avoir eu la précaution de consolider le fond de la cave, mise à nue, par une couche de bétonrecouverte d'une autre en asphalte. Ainsi, il ne manquera rien dans ces constructions à toutes les habitudes prises dans la vie ordinaire des villes. Ces fondations en mer ne peuvent coûter beaucoup plus que les fondations ordinaires ou l'empierrement ; calculé en moyenne sur la totalité de la surface garantie et couverte par le développement supposé des jetées, le prix coûtant de ce terrain irait à 8 ou 9 francs le mètre carré.

Dans les premières années de l'exploitation, la Compagnie aura à combler les terrains les moins profonds et qui, en raison de leur proximité de la ville, vaudront le plus et coûteront le moins. Ce n'est qu'à une époque plus éloignée, lorsqu'on s'attaquera à des points plus éloignés, que les déboursés augmenteront au détriment de la Compagnie ou de l'acheteur, quoique ce terrain aura alors acquis déjà une plus grande importance. L'administration aura donc à décider, dès le premier jour de son organisation, si elle voudra faire supporter aux acheteurs le prix de la construction de ce terrain, en dehors du prix de vente, ou bien, en prenant la différence des frais à son compte, si elle admettra ces frais dans le prix de vente.

Pour préciser les avantages possibles de la vente successive de ces terrains, il faudrait préciser d'abord la surface destinée à cet effet dans la rade et la direction définitive des jetées qui doivent naturellement poser les limites de ce quartier. Mais, comme nous l'avons dit, selon les termes de la demande en concession, la direction des jetées et les limites du côté de la mer de ce quartier doivent être tracées définitivement suivant les enquêtes à faire par les commissions compétentes, à la nomination du gouvernement et selon les avis et le consentement de la Compagnie. Il nous suffit que les termes de la concession nous garantissent que ces limites seront tracées, « aussi loin » dans la mer que les besoins du nouveau quartier à créer » l'exigeront, et autant que le permettent les besoins reconnus » de la navigation dans la rade. » Avec cela, nous sommes certain de ne pas aborder des profondeurs trop considérables, parce que non-seulement ce serait un désavantage pour la Compagnie, mais encore une incommodité pour les navires qui entreront dans le vieux port. Mais, d'un autre côté, nous aurons la faculté de prendre possession d'une surface qui réponde aux besoins de l'opération financière entreprise.

Nous savons qu'il existe dans ce pays, plus que partout ailleurs, une certaine nature d'hommes, très-répandus dans les sphères administratives, industrielles et scientifiques, qui, à défaut de qualités solides, de caractère ou de savoir, incapables de s'élever à la hauteur des idées qui les écrasent et auxquelles dans d'autres pays ces sortes d'hommes se soumettent aisément, profitent en France de cet amour national et inhérent à la vie française, des petites choses mignonnes et mignardes, tant dans les arts que dans la littérature et même dans la politique; amour des petites choses qui va jusqu'à la haine de tout ce qui est grand et fort. Cette nature d'hommes profite, disons-nous, de cette faiblesse nationale pour se faire, dans les salons, dans les administrations et même dans les journaux, un piédestal facile en rapetissant, sous prétexte d'idées pratiques, tout ce qui peut se produire avec des apparences de grandeur.

Eh bien! ce détestable travers de ces hommes, et qui menace l'avenir et la gloire française, attaquera, comme il s'est attaqué déjà à mon projet, et voudra le tailler au patron de leur esprit et de leur mesquinerie.

Le produit le plus connu de ce travers est la contrefaçon de mon projet, proposée récemment, poursuivie avec acharnement et connue sous le nom du projet de l'anse d'Arrenc. Là il s'agit aussi, comme dans mes projets d'aujourd'hui et d'il y a dix ans, d'un port et d'un quartier nouveaux à construire, en comblant une superficie de la rade; mais dans quelles proportions mesquines! avec tous les désavantages d'un déplacement du centre des affaires locales et de la dépréciation des terrains en vogue, sans présenter aucun bénéfice de la création des docks, quant à la grandeur nécessaire de ces établissements et du prix désirable de tarifs. Mais c'est petit, c'est une idée prise à un autre et cela plaît à tant de gens! cela n'effraie pas les esprits timorés, et, dans tout autre gouvernement peut-être que celui de l'Empereur, dont le sang et les traditions de famille aspirent à la grandeur des choses et des idées, ce projet aurait eu, certes, depuis longtemps gain de cause.

Mais nous, qui croyons que la position géographique de Marseille et la mission commerciale qu'elle doit remplir en France et dans le monde entier exigent les proportions les plus considérables possibles pour son système d'entrepôt, pour les docks; nous qui croyons que le chiffre du mouvement commercial de Marseille, spécialisé et classé, exige l'existence de cinq docks au moins (1); nous qui sommes convaincu que la création convenable de ces cinq docks, jointe aux bienfaits de la *franchise de port* pour le quartier environnant, donnera naissance à des industries nombreuses, établies dans les plus larges proportions; nous qui, en nous appuyant sur les chiffres de l'augmentation normale de la population marseillaise, avons le ferme espoir que, durant les quatre-vingt-dix-neuf années de notre privilége, ce quartier pourra attirer dans son sein au moins cent mille âmes; nous qui voyons la nécessité, que nous prouverons plus bas, du reste, de voir un établissement de la marine de l'Etat naître et se développer dans la rade de Marseille; nous, nous voyons un avantage réel pour la Compagnie d'aborder pour les jetées les profondeurs nécessaires pour donner à notre quartier un développement de 4 ou 5 millions de mètres carrés de superficie, ce qui permettrait à la Compagnie de compter sur la vente de la moitié de cette étendue dans les quatre-vingt-dix neuf années de son privilége.

Nous n'aurons pas besoin, à cet effet, d'aborder des profondeurs plus considérables que 14 à 15 mètres pour le tracé des jetées. En prévision de cette exigence, nous avons admis aussi une profondeur moyenne de 12 mètres, d'après laquelle nous avons établi notre devis au *maximum* des travaux de défense pour notre quartier.

Nous obtiendrons cette surface de 4 à 5 millions de mètres carrés, en supposant les jetées débouchant près du port de la Joliette, et s'avançant hardiment dans la mer parallèlement à peu près aux côtes de la rade à la longueur de 3,000 mètres. Nous avons adopté ce tracé dans le dessin ci-joint (carte n° 2), du projet figuratif pour le quartier des docks, projet que nous sommes loin de présenter au public comme un avant-projet.

---

(1) 1° Docks pour les produits français de l'intérieur destinés à l'exportation;
2° Pour les marchandises manufacturées allemandes, suisses et anglaises;
3° Pour le blé, le bois et le minerai brut;
4° Pour les produits du Levant et des Colonies;
5° Pour les vins, les spiritueux et les huiles.

Nous avons le devoir d'abandonner ce soin aux commissions et études qui doivent suivre la concession des bases et des principes généraux de cette entreprise. Ce serait une grande présomption de notre part et un grand abus d'influence que nous donne l'honneur d'avoir conçu ce projet et d'avoir donné l'initiative à l'existence de la Compagnie, que d'imposer le tracé de notre fantaisie. Nous attendrons pour cela que tous les intérêts engagés dans cette exploitation aient dit leur mot. Nous accepterons toujours avec joie les meilleures idées et les avis les plus justes.

En acceptant la possibilité de réserver à la vente, dans le laps des quatre-vingt-dix-neuf années, 2 millions de mètres carrés que nous croyons nécessaires à la commodité et aux besoins industriels d'une population de cent mille âmes; en admettant que les avantages de la *franchise de port*, de la proximité des docks, de la facilité de locomotion des marchandises sur les canaux intérieurs, etc., mettent la valeur de ces nouveaux terrains au niveau des terrains les mieux placés et les plus hauts côtés dans cette localité, valeurs qui atteignent aujourd'hui le prix exorbitant, pour une ville de province, de 4,000 francs le mètre carré, mais justifié par l'exiguité de quartiers maritimes; nous pouvons admettre aussi que nos 2 millions de mètres carrés pourront être vendus en moyenne à moitié prix, 2,000 francs; ce qui représenterait, dans le courant des quatre-vingt-dix-neuf années, la réalisation brute de *quatre milliards de francs*.

On aurait tort de regarder le prix de 2,000 francs le mètre carré comme exorbitant. Il le serait, en effet, pour une population sédentaire de petits employés, d'artistes et de petits rentiers; mais ce quartier n'est pas destiné pour eux: c'est l'industrie, c'est le commerce étranger qui chercheront abri dans ce quartier, et les bénéfices qu'ils trouveront dans les priviléges exceptionnels dont ce quartier sera doté compenseront au centuple l'augmentation du prix de loyer qui pourra, sans le moindre inconvénient, être au niveau de celui de Paris. Personne n'aura à s'en plaindre. Pour l'Etat, ce sera un moyen d'augmenter la fortune publique et le revenu du Trésor; pour la municipalité, il en sera de même; tandis que, pour les propriétaires des anciens quartiers, ce sera évidemment un avantage, un moyen de retenir une grande partie de la population marseillaise d'aujourd'hui.

Voilà donc les bénéfices probables de cette opération, mis en regard des dépenses premières qu'elle exige. Voilà, d'un côt quatre milliards de bénéfices, passibles d'augmentation, puisqu'une grande partie de ces terrains pourra être vendue certainement 4,000 francs le mètre carré, prix des propriétés sur le vieux port, et auquel la population est déjà accoutumée. — De l'autre côté, nous avons 50 millions de dépenses, susceptibles d'une réduction d'au moins 15 millions. Plus 10 millions pour les frais de l'assainissement du vieux port; en tout 60 millions. Nous ne parlons pas ici des charges que la Compagnie devra accepter en recevant la propriété des terrains du Lazaret, parce que la vente de ces terrains est suffisante, comme on le sait, pour couvrir ces dépenses, surtout lorsque ces terrains auront gagné en valeur, par le nivellement du sol et la proximité du palais impérial. Nous serions même d'avis que ces terrains continuassent toujours à faire partie du territoire de la terre ferme et des anciens quartiers. Nous avons égard, dans cette circonstance, aussi bien aux intérêts de la ville existante qu'à ceux de la Compagnie, non-seulement au point de vue des bénéfices des actionnaires, mais encore au point de vue du droit public et administratif que nous invoquerons plus bas, pour procurer au gouvernement plus de facilité légale dans l'octroi du privilége de la *franchise de port* que nous demandons.

Pour épuiser complétement toute cette question financière des dépenses et des bénéfices pour ce nouveau quartier, nous devons aborder immédiatement la question épineuse et si délicate à traiter, du dock-arsenal et de l'établisement d'un port de guerre, lesquels, nous en sommes convaincu, doivent faire partie intégrante des travaux projetés dans la rade.

Il n'est pas étonnant que Marseille ait repoussé jusqu'à aujourd'hui toute pensée d'un établissement militaire et de marine de guerre dans sa rade spacieuse et dans son port existant.

Ces établissements eussent été aussi dangereux pour les forces maritimes, employées sur ce point, que pour la ville elle-même sur laquelle ils auraient infailliblement attiré, en cas de guerre, l'attention et les attaques de l'ennemi; attaques auxquelles les travaux de défense maritime possibles aujourd'hui n'auraient jamais pu résister.

Ville de commerce qui s'occupe presque uniquement des besoins de la consommation et de la fabrication intérieure du pays, Marseille devait avoir, jusqu'à présent, des craintes très-fondées de voir se ruer sur elle les flottes ennemies et la frapper comme un point de richesse purement française.

Ces deux considérations n'existeront plus le jour où le gouvernement viendra décider l'exécution de nos projets, et notamment en nous octroyant le privilége demandé de la *franchise de port.*

D'un côté, l'appréhension d'un bombardement ou d'une invasion de guerre est éloignée à jamais pour le nouveau quartier, en raison de cette considération que, servant d'entrepôt et de champ de consommation aux fabrications étrangères, celles-ci seront évidemment à l'abri des boulets et des exactions de ses propres nationaux; quant aux vieux quartiers, il est évident que, sans frapper en même temps le nouveau quartier qui les couvre entièrement, ni les boulets des ennemis ni leur haine ne sauraient les atteindre.

Par conséquent, les attaques des flottes ennemies doivent être rayées du nombre des possibilités pour la ville de Marseille, le jour où elle possédera son nouveau quartier de docks rempli de marchandises étrangères entreposées.

Mais si l'on ne doit plus avoir la crainte du bombardement et des exactions de guerre, on doit comprendre que ce point de la côte qui, jusqu'à présent, n'avait aucun caractère stratégique, l'acquerra au plus haut point, dès que notre quartier des docks sera devenu l'*avant-tête* du système le plus complet, le plus admirable que jamais pays ait possédé, de canaux intérieurs, parallèles à la mer, et réunissant aux quatre points principaux du golfe de Lyon la seule route navigable vers le cœur du pays, vers le golfe de Gascogne, vers la Manche et la Suisse.

Se saisir par un coup de main de notre nouveau quartier; y poser les bases d'un établissement de longue haleine, en s'emparant des hauteurs inattaquables du côté de la terre du quartier Saint-Jean; dominer de là les côtes du golfe de Lyon sans se préoccuper de la position et de la proximité de Toulon; intercepter tout le mouvement commercial de l'intérieur de la France qui s'opérerait alors par cette immense et admirable artère du Rhône devenu navigable; enfin, établir dans notre quartier, sur une large échelle, la contrebande : voilà ce que pourrait l'ennemi si l'on commettait la faute irréparable et grossière de laisser le nouveau quartier projeté sans travaux de défense et sans ressources maritimes proportionnées à l'importance de ce point stratégique, facile à être occupé par l'ennemi du côté de la mer, mais beaucoup plus difficile à reprendre que le port de Toulon, surtout dans l'hypothèse que le quartier Saint-Jean tomberait entre les mains de l'agresseur.

Quelque faible que puisse être le système de défense et des ressources d'armement maritime établies dans le nouveau quartier, la proximité seule du quartier franc et des dépôts de marchandises étrangères que l'ennemi sera obligé de respecter, facilitera déjà beaucoup la défense de ce point. Au reste, les travaux que nous proposons portent avec eux un tel degré de force et de facilité pour établir un système complet de défense des côtes et de l'entrée des chenals dans les quatre ports, que nous n'hésitons pas à assurer que ce point important pourra être regardé comme le mieux fortifié et comme la plus forte position maritime de France, après Toulon.

Car, comme nous le verrons plus bas, dans les considérations de la sécurité de ce quartier contre les intempéries de la mer, il serait de l'intérêt de l'Etat et de la Compagnie de réunir leurs ressources futures pour garantir une partie de la rade même contre certains coups de vent, en établissant plus tard à frais communs trois jetées qui compléteraient le système naturel de défense que la providence a mis en avant des ports de Marseille pour leur sécurité, mais qu'il faudrait compléter par des travaux humains (*voir la planche n° 2, les trois jetées pointillées R, R*).

A l'abri de ces travaux, très-possibles et très-nécessaires, et dont les frais ne s'élèveraient pas à 25 millions, la rade marseillaise pourrait servir de point d'appui aux flottes les plus considérables et recevoir leur concours dans la défense de ce point stratégique important.

Tant que la France n'aura sur la Méditerranée que Toulon, œil unique pour surveiller, seule griffe pour tenir en échec, et seule dent pour mordre les rivaux et les ennemis de ce pays, la prétention de posséder la Méditerranée, de regarder cette mer comme un lac français, ne sera qu'une spirituelle forfanterie, une pure hablerie, dangereuse à soutenir en face de l'étranger et à être popularisée dans une nation inflammable, facile à être poussée par là à des aspirations et à des actes qui amèneraient les plus grands désastres. Quand on a des prétentions, on doit être en état de les soutenir, ou il faut se taire avec modération.

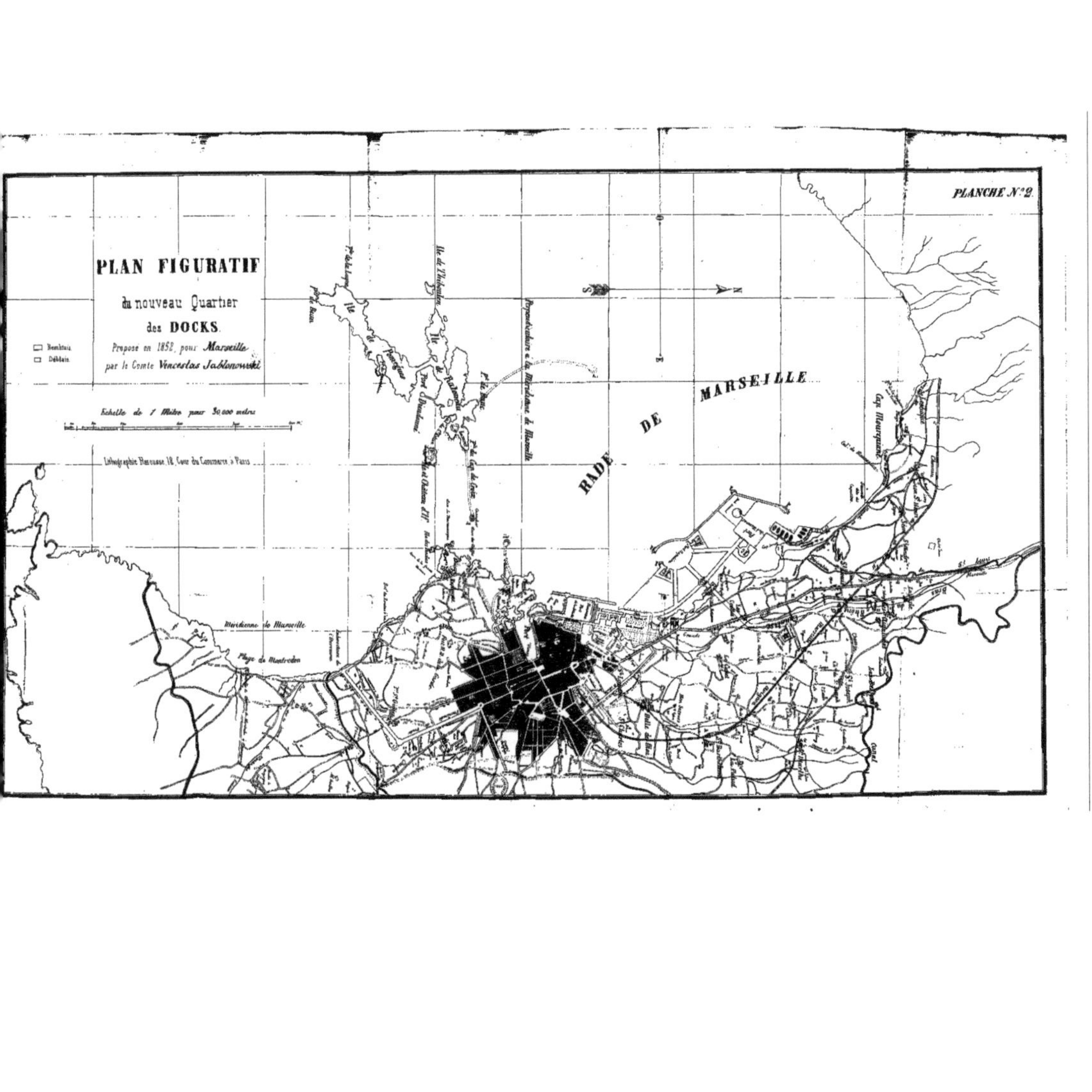
PLANCHE N° 2.
PLAN FIGURATIF
du nouveau Quartier
des DOCKS.
Proposé en 1852, pour Marseille
par le Comte Venceslas Jablonowski
Remblais
Déblais
Echelle de 1 Mètre pour 30,000 mètres
RADE DE MARSEILLE
Méridienne de Marseille
Plage de Montredon
Cap Mourgues

En soutenant ces idées, je suis non-seulement l'impulsion de mon cœur pour la France, mais encore les intérêts présents et futurs de la race slave à laquelle, comme Polonais, j'ai l'honneur d'appartenir. Il est aussi bien de notre intérêt, à nous, de repousser les idées démagogiques connues chez nous malheureusement sous le nom des idées françaises, que de renforcer autant que possible la puissance française, qui est notre alliée naturelle dans le monde, contre les aspirations de nos ennemis et antagonistes communs de la race germanique et anglo-saxonne. Nous avons surtout le plus grand intérêt dans le développement de la puissance maritime de la France qui, seule, est en état aujourd'hui de résister sur mer à la race anglo-saxonne et à l'Amérique du Nord. C'est donc sous la double inspiration de mon double caractère de Slave-Polonais et d'un homme franchement attaché par ses infortunes au pays qui lui a donné asile, que j'insisterai, de toute la force de l'influence que j'ai le droit d'exercer dans cette opération financière, pour que cette partie des travaux maritimes soit exécutée à Marseille; et, si elle ne l'est pas, qu'il soit bien constaté que c'est un étranger, un Slave-Polonais qui a demandé l'agrandissement de la puissance de la marine française, et que des Français s'y sont refusés.

Et les raisons de ce refus ne pourraient exister dans l'impossibilité d'exécution, soit matérielle, soit financière, mais uniquement dans la grandeur de l'idée même. Hélas! la race française serait-elle assez usée par les secousses révolutionnaires, pour que l'organisme des individus doive souffrir déjà aujourd'hui de tout ce qui force la pensée à sortir de l'ornière commune dans laquelle elle végète doucement, et dans laquelle elle désire s'éteindre sans secousse et commodément, au doux murmure des arts et des excitations du luxe.

Les difficultés de la partie projetée par nous du dock-arsenal, construit sur des profondeurs plus considérables que le reste du quartier, ne seraient pas plus grandes que pour le reste des travaux; la dépense ne porterait pas sur le capital primitif, mais serait répartie sur dix années au moins des revenus de la Compagnie, à partir du moment où elle sera en pleine voie d'exploitation, à la fin de la douzième ou de la quinzième année des travaux. La dépense pour créer le sol pour le dock-arsenal ne s'élèverait pas à la somme de 4 à 5 millions; car pour le reste des établissements maritimes, les chantiers de construction que nous proposons et que le commerce de Marseille est obligé d'aller chercher à la Ciotat et ailleurs, les bassins de radoub et de carénage; tout cela est indispensable et profitera comme revenu à la Compagnie concessionnaire.

Quant aux batteries, la Compagnie devra livrer le sol nécessaire, mais c'est à l'Etat qu'incombe la charge d'établir ces batteries, ainsi que la construction de l'arsenal, dont la Compagnie lui aura offert l'emplacement. Le terrain pour les batteries, par leur nature, est désigné sur les points les plus avancés des jetées dont la Compagnie ne pourrait jamais faire un emploi plus profitable. Ce n'est donc pas une dépense pour nous, ce n'est que l'emploi utile de ce qui serait déjà fait pour la défense contre les vagues de la mer.

Il est vrai que l'espace de 6,000 mètres carrés autour d'un bassin de 4,000 mètres n'est pas suffisant pour créer un arsenal de premier ordre sur ce point; mais il suffit, pour établir un dock-arsenal servant d'entrepôt pour le ravitaillement, l'armement et les réparations des bâtiments de guerre qui auront besoin de s'appuyer sur ce point stratégique; le dock-arsenal de Marseille devrait être la succursale seulement de l'arsenal de Toulon, ou, ce qui serait encore mieux, il devrait dépendre d'une administration maritime dans l'intérieur du pays; établie sur les bords des canaux maritimes, dont il sera question plus bas. Cet arsenal central serait placé de cette manière en dehors des coups de l'ennemi et pourrait centraliser des dépôts analogues à celui que nous proposons pour le port de Marseille, et qu'on créerait à Bouc et à Agde, et même à Cette. Ce qui constituerait le système le plus large et le plus magnifique de défense des côtes et des bases maritimes qui fut jamais dans la possession d'aucun peuple.

Et on ne peut pas traiter légèrement l'idée et la destination des docks-arsenaux que nous proposons en France. Si les docks du commerce présentent à l'industrie une amélioration immense, comme économie de temps et d'argent, de combien les docks-arsenaux ne sont-ils pas plus avantageux et plus nécessaires encore pour la marine de guerre, qui a besoin d'être prête à tout moment et de passer en un clin d'œil de l'état de paix à l'état de guerre et *vice versâ*. Les forces maritimes de la France seraient quadruplées sur la Méditerranée par l'emploi du système que nous proposons et qui coûte si peu à l'État. Nous ne pouvons donc pas renoncer à l'idée de consacrer une partie de nos terrains du quartier neuf pour les établissements de la défense nationale et l'augmentation des forces maritimes du pays, convaincu que les charges qui en découleraient pour la Compagnie seraient bien au-dessous des avantages qu'elle retirerait des concessions que l'auteur du projet a l'honneur de demander au gouvernement : par conséquent, la Compagnie doit les supporter sans murmurer et les exécuter loyalement. Du reste, je le répète, je laisse aux Français le soin de rayer du cahier des charges la concession de cette partie des travaux ; il serait ridicule de la part d'un étranger de le trouver mauvais, il aura fait plus que son devoir en demandant, dans l'intérêt de la France, plus que ne voulaient les enfants de ce beau et magnifique pays.

En résumant ce que nous venons de détailler, quant aux dépenses pour les travaux projetés du quartier neuf dont les profits doivent non-seulement couvrir les frais d'assainissement du vieux port, mais procurer encore à la Compagnie des ressources pour des travaux dans les terrains d'alluvion maritime, que nous avons accepté comme une charge, en retour de la concession exceptionnelle de la franchise de port, nous trouvons :

Pour les jetées et les cinq docks. . .	50,000,000
Pour l'assainissement du vieux port. .	10,000,000

Un fonds de roulement destiné aux constructions des terrains pour les particuliers sera trouvé dans les économies immanquables des travaux évalués au *maximum ;* économie, au moins, de 15 millions, que nous trouverons en caisse sous forme de *fonds de réserve,* selon les statuts, et que l'administration de la Compagnie emploiera utilement comme *fonds* nécessaire de roulement.

Enfin, nous aurons à pourvoir aux dépenses pour les terrains de l'arsenal qui n'ont pas besoin d'être mis en train avant la douzième ou quinzième année des travaux de la Compagnie, dépenses qui peuvent monter à 4 ou 5 millions, mais qui disparaîtront dans la masse de 700 à 800 millions de dépenses qui resteront à faire dans les terrains d'alluvion maritime, et qui seront couverts douze à quinze fois, comme nous le verrons, par la valeur acquise des terrains mis en culture, de leur revenu pendant quatre-vingt-dix-neuf années et par d'autres ressources considérables que nous étudierons plus bas.

Nous avons évalué déjà à la somme de 4 milliards, susceptible d'une forte augmentation, le capital produit pendant les quatre-vingt-dix-neuf années du privilége, par le placement de ces immeubles. La discussion sur l'exagération ou sur la réalité du prix de 2,000 francs le mètre carré que nous proposons pour la vente de ce terrain ne mènera à rien. Il suffit de dire qu'à Marseille, sur le vieux port, on vend certains immeubles au prix de plus de 4,000 francs le mètre. Il suffit de remarquer que nos terrains seront beaucoup plus avantageux à l'industrie et au commerce que le séjour de Paris; que, pour un grand nombre de personnes et d'industries, ce séjour sera forcé; que cette exagération des prix de location sera compensée par d'autres avantages au point de vue de la consommation; que la fortune publique, l'Etat et la ville y trouveront leur avantage dans l'augmentation de leurs revenus; que c'est une garantie de sécurité que nous procurerons à une partie des quartiers existants qui pourront, grâce à ces prix, maintenir une concurrence qui les préservera de la dépopulation qu'ils craignent à tort du reste; enfin, nous disons que la Compagnie sera seule détentrice de ce terrain, qu'elle n'a pas à craindre la concurrence, et qu'à défaut d'entrepreneurs hardis et de capitalistes qui voudraient placer leur argent dans les maisons pour notre nouvelle population, la Compagnie aura à sa disposition des capitaux considérables, et qu'elle commencera elle-même par bâtir les maisons, s'il le faut. Les locataires ne manqueront pas. Ceux-ci une fois établis, si les propriétaires n'arrivent pas, les institutions hypothécaires sont là pour nous avancer les sommes nécessaires pour poursuivre notre opération et attendre une quinzaine ou une vingtaine d'années pour réaliser la vente de nos maisons; nous les vendrons d'autant mieux et ils auront produit davantage entre nos mains, car le prix de location sera alors complétement à la discrétion de la Compagnie.

Maintenant il nous reste à tracer les avantages que procureront à tout le monde notre système de construction des docks et la valeur de ces établissements pour la Compagnie.

Jusqu'à présent on a eu seulement l'idée de creuser les docks d'après le système mis en pratique en Angleterre. A cet effet, on choisit les emplacements le plus rapprochés possible du centre d'activité commerciale; ces terrains doivent être par conséquent très-coûteux.

A cette dépense considérable se joint encore celle de creuser de vastes bassins, capables de contenir dans l'intérieur du dock les vaisseaux du plus fort tonnage. Il faut creuser ces bassins, les border, les daller, faire arriver une suffisante quantité d'eau; enfin, trouver le moyen de la renouveler. Toutes ces opérations sont excessivement coûteuses et font monter les tarifs des docks à des prix souvent très-élevés.

L'opération de creusement des bassins est rendue presque toujours plus difficile par les infiltrations des eaux ou par la nature rocheuse du sol qu'il faut fouiller.

L'idée d'utiliser le peu de profondeur de la rade de Marseille, pour créer ce quartier quasi-vénitien, a mis l'esprit de l'auteur de ce projet sur la voie naturelle de construire hardiment les docks en s'avançant dans la mer et en entourant d'un sol artificiel l'étendue nécessaire de la mer et à la profondeur naturelle voulue pour le bassin des docks. Les magasins construits à l'extérieur de ce bassin constitueraient enfin le dock le plus complet et placé dans les conditions les plus avantageuses pour l'entrée et la sortie des navires, ainsi que pour le renouvellement des eaux du bassin que le remous naturel de la vague, du flux et du reflux, suffirait à tenir dans un état parfait de salubrité et de propreté. C'est un système d'une grande simplicité, éminemment français par la hardiesse de l'action et basé sur des travaux en mer selon des procédés qui appartiennent exclusivement à l'initiative de l'esprit français et des ingénieurs de ce pays, auxquels je les ai empruntés et sous lesquels je les ai étudiés. L'idée des docks coulés en mer a pour parrain le port d'Alger et pour marraine l'éminent M. Poirel dont je n'oublierai jamais les bontés pour moi.

Pour comprendre tous les avantages de ce système de construction des docks, il suffit de comparer nos devis établis sur les calculs les plus larges, et au *maximum*, avec les devis de nos concurrents pour les docks de Marseille. Ainsi, sans en citer beaucoup, le projet d'un dock intérieur, du projet nommé *de la Rive-Neuve,* dont nos lecteurs trouveront l'emplacement et la dimension sur la planche n° 2, doit seul coûter 20 millions, lorsque nos cinq docks ensemble, dont chacun aura la capacité à peu près égale à celle de *la Rive-Neuve*, ne coûteraient ensemble que cette même somme.

De là résultera la possibilité d'admettre pour nos docks des tarifs plus bas que ceux des docks de tous les autres pays. Bénéfice immense à l'avantage du commerce français, qui pourra enlever aux docks de Londres et de Liverpool l'entreposition des produits bruts de provenance du Levant et de la mer Noire, qui auront un grand avantage à attendre à Marseille les demandes de la consommation et de l'industrie anglaise.

Cette question des tarifs est si considérable que nous ne doutons pas que les avantages que nous offrons sur ce point au Gouvernement de Sa Majesté et au commerce de Marseille ne viennent à l'appui de nos droits de priorité, pour faire accepter les offres de la combinaison de la Compagnie des *Bouches-du-Rhône.*

En effet, ne nous sommes-nous pas engagé, par les termes de notre demande en concession, d'accepter les tarifs à la convenance du Gouvernement? Et n'avons-nous pas, dans nos communications au Ministre de l'Agriculture, admis en principe général, pour les tarifs de nos docks, la moitié de ceux de Londres, avec l'engagement de les laisser en proportion des réductions que le commerce anglais voudrait opérer sous la pression de notre système? Quelle est la combinaison financière, quelle est la Compagnie qui puisse offrir des avantages plus réels et plus importants? Quelle est l'opération qui puisse permettre de faire de pareilles générosités?

C'est que, pour la Compagnie des *Bouches-du-Rhône,* selon le système de construction des docks inventé par l'auteur de cet écrit, selon le plan financier et industriel qu'il lui a tracé, les tarifs et le revenu des docks intéressent fort peu l'avenir de la société et les bénéfices des actionnaires. Les docks servent ici seulement d'attrait à la population industrielle et commerçante du monde; de base au système d'entrepôt, complété par l'octroi de la *franchise de port* que nous demandons et rendu à tout son développement possible; enfin, par la canalisation du Rhône qui ferait de cette artère française la route des échanges entre les Indes et l'Angleterre, entre le Levant et l'Allemagne, et ferait de Marseille le cœur du commerce des deux hémisphères.

Plus les tarifs seront bas, plus le nombre des opérations d'entrepôt grandira; avec elles la population, avec la population la valeur et la vente de nos terrains artificiels.

Voilà nos avantages et les raisonnements sur lesquels nous nous appuyons dans notre entreprise industrielle.

Les tarifs nous occupent si peu que nous admettons la possibilité où la folle lutte dans laquelle le système anglais peut nous entraîner par la baisse de ses tarifs nous obligerait peut-être de livrer nos docks *gratis* au commerce pendant un certain temps. Eh bien! cette prévision, si elle se réalise jamais, ce ne sera certes pas au désavantage du système français d'entrepôt.

Nous comptons toutefois sur le revenu des docks comme sur un supplément de bénéfices pour nos actionnaires; nous comptons encore sur la réalisation, sur la vente de plusieurs de ces entrepôts à des *sous-compagnies*, séparées l'une de l'autre par la spécialité des denrées entreposées dans les magasins de chaque dock approprié à la nature de toute denrée ou à sa provenance; ce qui constituera un avantage immense pour le commerce et l'industrie marseillais. Le capital, réalisé par la vente ou l'engagement des revenus de nos docks, nous servira, nous l'espérons, à réunir la somme immense dont nous avons besoin pour mener à bonne fin la dernière et la plus fructueuse partie de notre grande opération : la mise en culture des terrains d'alluvion maritime.

Mais il serait possible que la municipalité de Marseille, tout en profitant de l'immense impulsion donnée au commerce de la ville, de la diminution des charges, des profits qui l'attendent du partage des bénéfices avec la Compagnie, de la possession des propriétés que celle-ci lui abandonne dans le nouveau quartier après les quatre-vingt-dix-neuf années, selon les offres faites à la municipalité et reproduites dans notre demande en concession, il serait possible, disons-nous, que la municipalité maintînt ses exigences de voir la ville devenir propriétaire de ces entrepôts à la fin des quatre-vingt-dix-neuf années de la concession. Quelque contraire à toutes les notions de la propriété et de la fortune publique que soit cette exigence, nous n'aurions pas, pour notre part, trop de répugnance à nous y soumettre, mais seulement dans le cas unique où la ville de Marseille viendrait au-devant de nos efforts en aplanissant toutes les difficultés administratives et en écartant les mauvaises passions locales qu'elle peut nous opposer. Ce serait, de notre part, une question de reconnaissance plutôt qu'une question de droit public.

Les docks ne sont pas des travaux d'utilité publique et générale qui doivent, comme les ponts, etc., devenir justement la propriété d'une ville ou d'un département, les années du privilége de la construction une fois écoulées; car ces travaux d'intérêt local, sortis des mains des entrepreneurs, retombent aussi immédiatement à la charge de la ville ou du département qui en jouit sans en tirer revenu.

Les docks, au contraire, ne sont pas des objets d'utilité générale pour chaque individu de la commune; ils sont, comme les théâtres, l'objet d'utilité privée d'une partie de la population. Aussi, est-ce que la propriété d'un théâtre n'est pas subordonnée à toutes les règles d'une propriété privée?

D'un autre côté, est-ce que c'est la ville de Marseille qui donne la concession des docks? Non, c'est l'Etat; par conséquent, si quelqu'un doit entrer en possession de ces établissements d'utilité privée après les quatre-vingt-dix-neuf années de privilége, c'est à l'État que cela appartient de droit. Il serait du plus mauvais effet, à notre avis, d'établir ce précédent du droit de la prise de possession des établissements d'intérêt privé par les autorités locales, car ce droit pourrait un jour s'étendre de proche en proche, d'une industrie à l'autre, toujours sous prétexte de l'intérêt public de la localité, dans chacune des branches d'activité humaine. Aujourd'hui, l'industrie de l'entrepôt, demain celle du débit, après-demain, la fabrication, etc. Ce serait un petit commencement du droit de civisme accordé au communisme industriel qu'il faut bien se garder de laisser acclimater en France. Au lieu du revenu problématique des docks entre les mains de la municipalité;— problématique, parce que, soumis aux fluctuations du pouvoir que cette autorité exercerait sur la foule, et dont on ressentirait bientôt alors les exigences,—ne vaut-il pas mieux pour la ville encaisser les impôts et les charges municipales que ces établissements ne supporteraient pas s'ils devenaient propriétés municipales? Eh! qu'est-ce que cela nous fait, m'a-t-on dit, ce n'est que dans cent ans que cela aura lieu! Nos enfants n'existeront plus! Après nous le déluge! Hélas! Louis XV le disait aussi, après moi le déluge! et son successeur est mort sur l'échafaud. Que la société se dessaisisse de ses droits; qu'elle aussi dise : *après moi le déluge!* et c'est la société française entière qui sera décapitée maintenant.

Mais il s'agit d'affaires ici. Qu'importe la société française en 1951? Nous sommes donc prêt à faire abandon à la ville de Marseille de la propriété de nos docks après les quatre-vingt-dix-neuf années du privilége, et cet abandon ne lui sera pas plus fatal dans l'avenir, que la propriété des chemins de fer ne l'est à l'Etat, qui n'en profitera certes jamais, tant que les chemins de fer seront propriétés de l'Etat, j'en suis intimement convaincu. Enfin, si c'est une condition indispensable, si la ville de Marseille voulait demander à Sa Majesté, par ses organes naturels, l'octroi de la concession à l'avantage de notre Compagnie, par une démarche, soit près de la personne de Sa Majesté, soit près de son gouvernement, marque de bienveillance que nous méritons certes de la part de Marseille, il serait juste que, dans notre reconnaissance, nous abandonnassions une valeur acquise de 500 à 600 millions de francs, à laquelle nos docks pourront s'élever dans l'avenir, par le capital des marchandises entreposées et la rapidité de leur écoulement. Mais nous ne le ferons pas autrement, ce sera déja un concours assez chèrement payé, on en conviendra; car, d'un autre côté, il serait infiniment injuste et stupide de notre part de faire des sacrifices aussi immenses, d'assurer la fortune et la gloire d'une ville, la préserver de la ruine qui la menace, lui mettre une couronne sur la tête, sans recevoir un pauvre petit : *Dieu vous bénisse!* pour la peine, ou un léger coup de main.

Nous ne parlons pas ici de l'hypothèse que plusieurs ont soutenue, de l'exécution des docks par la municipalité elle-même; si nous trouvons la possession des docks par les autorités locales comme une chose dangereuse, leur exécution par la ville serait à notre avis plus que détestable; nous renvoyons à ce sujet nos lecteurs à la copie de lettre adressée à la préfecture de Marseille, en faisant nos offres stipulées dans la demande de concession, et lorsque nous étions menacé de la concurrence de la ville dans la construction des docks aussi bien que par ses projets d'Arrenc, contrefaçon en miniature de nos anciens projets.

COPIE DE LA LETTRE ADRESSÉE A M. LE PRÉFET DU DÉPARTEMENT DES BOUCHES-DU-RHÔNE, LE 21 DÉCEMBRE 1852.

Monsieur le Préfet, j'ai l'honneur de vous adresser copie de la demande définitive en concession que j'ai eu l'honneur de présenter au Gouvernement de Sa Majesté, pour entreprendre et exécuter les projets que j'avais déjà communiqués en 1844, 1846 et 1849 à la municipalité de Marseille, et qui comprennent :

1° L'assainissement du vieux port de votre cité ;

2° La création d'un quartier de docks, pour lequel je réclame l'octroi du privilége de la franchise de port ;

3° Les gigantesques travaux de dessèchement des étangs salants et des marais salants dans les trois départements des Bouches-du-Rhône, du Gard et de l'Hérault.

La première partie de ces travaux de la Compagnie que je forme économise à la ville de Marseille des déboursés considérables qu'elle eut été obligée de faire, et qu'elle aura aujourd'hui la faculté d'employer à des travaux fructueux, tandis que l'assainissement du vieux port n'eut été pour elle qu'une question de salubrité publique, une dépense sans compensation et sans bénéfices financiers.

La seconde partie des travaux de la Compagnie rend enfin justice aux besoins des docks que réclame impérieusement la position de Marseille sur la Méditerranée, cette route des Indes et de l'Afrique, ainsi que celle de l'Amérique vers les pays d'Orient.

La franchise de port que nous réclamons pour le quartier qui prendra naissance au tour de ces établissements d'entrepôt, attirera à Marseille toute une nouvelle population de manufacturiers français et étrangers, de mariniers qui créeront une nouvelle pépinière pour la marine française, enfin de négociants étrangers de tous les pays, dont les capitaux et la consommation profiteront aux finances de la ville et de l'État. La création de ce quartier ne déplacera nullement la population sédentaire du quartier existant et ne portera aucune atteinte à la valeur des immeubles de la ville. Le caractère de cette population et ses besoins seront complétement différents ; et nous sommes convaincu que les flots de cette population nouvelle, attirée par la liberté du commerce d'un seul quartier de la ville, profiteront à tous les autres.

L'exécution des docks, abandonnée à une Compagnie particulière, est aussi la seule qui présente des garanties certaines et des avantages réels, car non-seulement leur exécution par l'État serait soumise à toutes les variations subites de la politique, mais encore leur possession par l'État serait un premier pas dans la voie fatale et dangereuse du communisme industriel : ce serait un véritable noyau de la banque d'échange de M. Proudhon, et dont les esprits pervers seraient disposés à profiter à la première occasion.

L'exécution des docks par la ville, tout en ayant les inconvénients et les dangers de leur exécution par l'État, aurait, en outre, non-seulement le désavantage d'obérer les dépenses de la ville, mais encore, dans cette hypothèse, nous demandons qui surveillerait les intérêts de la ville et l'exécution de ces travaux, si ceux qui doivent veiller sur les intérêts de la ville, exercer la surveillance des travaux, doivent cumuler ces deux devoirs qui se contrediront et se froisseront journellement? Est-ce là un rôle digne des magistrats de la ville? Le caractère légal de la municipalité permet-il d'empiéter sur les intérêts particuliers? que dis-je sur le droit même de la propriété? propriété la plus sacrée de notre société, propriété de l'intelligence que la municipalité de Marseille et le département des Bouches-du-Rhône attaqueraient de la manière la plus évidente en se saisissant, en 1852, du projet que j'ai présenté au Gouvernement et au pays en 1846 et 41!!! — Serait-ce là la récompense que la ville de Marseille voudrait donner à ceux qui s'occupent de la rendre prospère, riche et glorieuse? Serait-ce là une preuve de reconnaissance de la ville de Marseille pour le Gouvernement de Sa Majesté que d'attacher au règne du nouveau souverain la mémoire impérissable d'une injustice d'autant plus flagrante et scandaleuse que les avantages de cette injustice seront profitables et célèbres? Non, dans aucun cas, j'en ai l'intime conviction, l'exécution des docks de Marseille, avec les ressources de cette ville, ne sera ni profitable ni honorable. Il y a plus, une pareille exécution serait nuisible à l'État, aux départements intéressés et à la ville elle-même, car elle mettrait un invincible obstacle à la mise en culture de 3,000 kilomètres carrés du sol riche de la Provence, couvert maintenant par l'eau de la mer et les marais insalubres, et que réclame le développement futur de l'agriculture et de l'industrie française. Quelle occasion présenteront jamais les ressources nécessaires de 800 millions pour accomplir cette œuvre profitable et glorieuse que nous procure la création du quartier des docks? — Propriétaire des docks, la ville de Marseille perdrait les revenus municipaux qui pèseront sur les propriétaires de ces immeubles, pour sa part aussi bien que pour celle de l'État. La ville de Marseille, en se saisissant d'une partie des projets d'autrui, ferait par conséquent un tort considérable à ses propres intérêts aussi bien qu'à ceux de la France entière. Au contraire, l'intérêt de la ville de Marseille, des départements, du pays, de l'honneur de la magistrature envisagé à tous points de vue possibles, réclame impérieusement l'exécution large du système des docks et de l'entrepôt avec les ressources d'une compagnie particulière.

L'exécution de la troisième partie des travaux que se propose la Compagnie des *Bouches-du-Rhône* viendrait immédiatement récompenser la ville de Marseille de l'honnête et digne renonciation à exécuter les projets d'autrui par elle-même. Car, quelles sont les circonstances qui puissent jamais procurer au commerce de la ville de Marseille et aux finances municipales les avantages que leur offrirait l'exécution de ce plan grandiose?

Les dépenses seules des travaux de la Compagnie jetteraient dans la population de Marseille et des environs 20 millions au moins par an pendant quinze ou vingt années.

Au lieu d'être entourée des populations pauvres et maladives des marais salants, Marseille deviendrait le centre d'approvisionnement de plusieurs millions d'agriculteurs devenus tout à coup riches et aisés.

Quels sont les avantages qui peuvent égaler celui de réunir la ville de Marseille par des canaux navigables, d'un côté, avec Avignon, Lyon, Saint-Étienne, les gisements houilliers du centre de la France, avec le Rhin, avec Paris, avec le Hâvre et l'Angleterre; de l'autre côté, avec Bouc, Cette, Agde et Bordeaux; système de canaux parallèles à la mer et qui réalise les conditions idéales de sécurité du commerce maritime en temps de guerre.

Le seul aperçu des avantages que procurerait à la ville de Marseille l'exécution de la totalité des opérations projetées par la Compagnie doit être suffisant pour faire renoncer la ville de Marseille à s'emparer, pour son compte, de la création des docks qui servent de base financière à la Compagnie des *Bouches-du-Rhône*.

Mais le fondateur de la Compagnie et de la Société ne veut pas rester dans les limites des avantages déjà si immenses que l'exécution de ces projets offre à la ville de Marseille; il désire faire plus encore : il veut non-seulement faire partager à la ville les avantages que retirerait la Compagnie de la totalité des travaux projetés, durant son existence, mais encore il veut rendre la ville héritière de la majeure partie des ressources créées, après le décès légal ou anticipé de la Compagnie exploitante.

Par conséquent, je viens, Monsieur le Préfet, vous faire officiellement l'offre suivante dont communication est faite au Gouvernement de Sa Majesté :

1° De faire participer la ville de Marseille, dès la sixième année des travaux, au vingtième des bénéfices nets de la Compagnie dans chaque année;

2° De lui assurer, après les quatre-vingt-dix-neuf années du privilége, ou dès le jour de la liquidation volontaire ou forcée de la Société, la propriété des tunnels, de tous travaux d'art de la voirie publique et de la salubrité, tels que ports, canaux servant de rues, fournitures d'eau, piscines publiques, administration des vidanges, réservoirs pour les immondices des rues et des maisons, fontaines, bornes-fontaines, ponts de tous genres, passerelles, monuments commémoratifs, embellissements des ports et des canaux, statues et colonnes. Enfin la Compagnie cède à la ville, gratuitement, après les quatre-vingt-dix-neuf années du privilége, et moyennant une indemnité à débattre, en cas de liquidation anticipée, tout le matériel nécessaire à la création du terrain artificiel dans les limites de la concession faite en mer dans la rade, que la ville pourra continuer de créer pour son propre compte, tels que bateaux à vapeur, pontons, caisses pour couler les blocs de béton, etc. — La Compagnie cède de même et aux mêmes conditions, à la ville de Marseille, toute la superficie du terrain artificiel prêt à être livré aux mains des acheteurs et des entrepreneurs de bâtiments, ainsi que tous les immeubles de toute nature qui pourraient se trouver, à cette époque encore, non réalisés entre les mains de la Compagnie.

Voilà, Monsieur le Préfet, l'offre que j'ai l'honneur de faire à la ville de Marseille et au département des Bouches-du-Rhône, en mon propre nom de futur concessionnaire et au nom de la Société que j'organise pour l'exécution de mes projets.

J'espère que l'intérêt bien entendu la ville de Marseille et son patriotisme lui ordonneront d'acquiescer à ma demande.

Il y a encore deux autres intérêts de la ville de Marseille qui peuvent me demander des concessions équitables. C'est d'abord le juste désir que les capitalistes de Marseille peuvent avoir d'employer leurs capitaux dans les travaux qui concernent leur ville; ensuite, le désir également honorable et naturel de pouvoir légalement surveiller leur administration et les travaux qui intéressent à un si haut point les questions les plus chères des Marseillais et toutes les sources de leur fortune.

Je m'empresserai de répondre de la manière suivante à ces deux équitables exigences.

Quant à la première, la Compagnie enverra dans le plus bref délai un délégué intelligent qui aura mission de faire aux capitaux marseillais la part qu'ils voudront prendre dans cette entreprise ;

Quant à la seconde, une dérogation aux habitudes prises dans l'organisation des sociétés anonymes, que j'ai inscrite dans les statuts de la Compagnie, et que le conseil d'État voudra bien certainement tolérer, me permettra de rendre pleinement justice aux honorables désirs des notabilités marseillaises. Il s'agit de créer à Marseille un corps de délégués du conseil-général de l'Administration (siégeant à Paris), choisi parmi les notabilités de la ville et du département, de neuf membres, qui exerceront, sur les lieux des travaux, l'office que le conseil de surveillance exercera au siége de la Société.

Les autorités de la ville telle que le préfet du département, Monseigneur l'évêque, le procureur impérial, le général commandant le département, le préfet maritime, le président du tribunal du commerce et le receveur-général, auront le droit de siéger dans le conseil, d'assister aux séances et de participer à la surveillance nécessaire des travaux et de l'administration de cette importance.

Veuillez bien, Monsieur le Préfet, communiquer mes offres et mes propositions à qui de droit, daignez reconnaître dans cette démarche mon sincère désir d'être utile à la ville de Marseille, aussi bien qu'à la France entière, et agréez, je vous prie, l'expression respectueuse, etc.

Notre position ainsi réglée avec la municipalité et la ville de Marseille, qu'il nous soit permis de tracer notre position vis-à-vis de nos concurrents quant aux docks de Marseille, car nous ne supposons pas que nous puissions avoir des concurrents pour le reste de notre opération projetée : elle n'est pas encore rendue publique, elle n'a été communiquée que sous la garantie de la loyauté privée, aux personnes qu'on a voulu intéresser dans cette opération et leur faire un sort ; ce serait un infâme abus de confiance dont l'indignation publique, la loi du pays et l'honneur du souverain dont on aurait voulu flétrir le règne par une odieuse spoliation, sauraient faire justice.

Nous avons à combattre, ou plutôt nous sommes combattu quant aux docks, par trois projets différents qui s'appuient sur les trois intérêts locaux qui partagent les influences industrielles et administratives de la ville de Marseille :

1° Le projet des docks de la Joliette ;

2° Le projet de l'anse d'Arrenc ;

3° Les docks Napoléon ou de la Rive-Neuve.

Ces trois projets sont marqués sur notre planche n° 2.

Le projet des docks de la Joliette est patroné comme l'idée la plus simple et la plus pratique, calculée sur les proportions les plus modestes. Il rend justice aux besoins les plus pressants du commerce de la ville, sans entrer dans les nuages de l'inconnu et d'un avenir problématique ; c'est un de ces projets comme on les affectionne tant dans les bureaux ; en apparence, il procure à Marseille un établissement nécessaire et désiré, il le met à la portée du chemin de fer, dont l'administration désire établir une voie ferrée aboutissant à ces docks et qu'elle veut construire de ses propres fonds, comme faisant partie de sa spécialité du transport des marchandises; mais, en réalité, ce projet ne répond qu'à peu de choses et froisse tous les intérêts de la localité et les intérêts généraux; c'est un projet excellent sur le papier, mais non pas dans la pratique.

Il froisse les intérêts locaux, car il éloigne les docks du centre des opérations commerciales, il oblige le mouvement du débarquement, d'embarquement, de la manipulation des matières premières (*connue sous le nom de l'industrie à l'entrepôt réel ou fictif,* etc.), à prendre un chemin long et incommode au suprême degré, qui fait faire aux charges le tour immense du fort Saint-Jean, sans qu'il y ait possibilité de créer à côté de ces docks, ainsi placés, aucun genre d'établissement stable, ni pour la demeure des intéressés, ni pour les fabriques, car on manque complétement de sol. Au point de vue général, ce projet n'est pas un propulseur du développement futur de l'activité commerciale à Marseille; il n'est que son condensateur. Il empêche les autres de faire le bien et fait autant de mal que pourraient en faire les autres projets sous un autre point de vue. Il déplace le centre d'activité existant dans le vieux port, et il ne porte avec lui aucun germe d'un meilleur avenir. Il est incommode pour les habitants, pas trop désirable pour le commerce, et il coûte beaucoup, quoique le sol sur lequel on veut le construire n'ait aucune valeur; parce que, dans ce projet, non-seulement il faut creuser des bassins et des canaux nécessaires dans le roc, mais encore tailler une montagne de roc pur pour lui faire place. Le projet de la Joliette n'a pas la ressource que nous possédons d'établir un tunnel entre les deux côtés du rocher du quartier Saint-Jean, et de percer ainsi une communication directe et de plain-pied. Car si la Compagnie de la Joliette voulait s'en charger, elle en serait pour ses frais; jamais le mouvement de la population, qui n'aurait pour objet que ces docks, ne saurait couvrir les débourses de ce travail coûteux et difficile; nous seuls, qui comptons sur le va-et-vient forcé et immanquable entre deux quartiers populeux, pouvons nous charger de ce travail utile et magnifique.

Le second projet est celui de la rade d'Arrenc; nous le trouverons aussi marqué sur notre carte; ici, il ne s'agit plus seulement de docks, mais aussi d'un port nouveau à créer et d'une miniature de quartier sur remblai en comblant la petite anse d'Arrenc. Sous tous les rapports, ce projet est beaucoup mieux conçu, mais c'est une idée qui dérive visiblement de notre système primitif de la conquête des terrains à bâtir sur la mer, proposé au gouvernement dès les années 1842 et 1844. Seulement on y a peu tenu compte des avantages des docks coulés en mer à des profondeurs nécessaires, et qui eussent obligé les auteurs de ce projet d'admettre la moitié au moins des dimensions de nos projets; ils se contentent de mouiller un peu les pieds à leurs docks. Aussi leurs constructions auront-elles l'inconvénient de coûter plus que les autres ; ils creuseront le roc, couvert d'eau aujourd'hui ; bonne chance à ces Messieurs! Il est vrai qu'ils ont eu la perspective de bénéfices assez considérable par la vente des terrains de l'anse d'Arrenc conquis sur la mer ; mais c'est un avantage qui menace sans compensation les quartiers existants, et sans procurer aucun avantage général à la ville ou à l'Etat. Le nouveau quartier marchand et industriel, fondé autour des docks et du port d'Arrenc, scindrait la vie commerciale de Marseille et empêcherait l'assainissement du vieux port en s'emparant des terrains du Lazaret, que les auteurs de ce projet sont obligés de convoiter. Et, dans ce cas, l'insalubrité du vieux port croissant de jour en jour, et le nouveau quartier ouvrant à la population des habitations commodes, construites selon les exigences de la confortabilité que les maisons du vieux quartier sont, hélas! bien éloignées de posséder, il n'y a nul doute que tout le quartier du vieux port ne perde complétement son importance; la vie commerciale et la population se retireront nécessairement au nord. La ville et l'Etat ne gagneront rien à ce déplacement. Si les valeurs immobilières montent du côté d'Arrenc, ceux du vieux port tomberont. Il y aura compensation parfaite, mais il n'y aurait aucune augmentation réelle du mouvement commercial et de la fortune publique, il n'y aurait que son déplacement.

Maintenant nous avons le projet des docks Napoléon ou de la Rive-Neuve. Ce projet n'est qu'un *contre-projet* présenté par les propriétaires du quartier du vieux port, menacés par le projet d'Arrenc. Les docks de la Joliette sont incommodes, ils ne répondent pas aux besoins ni du présent ni de l'avenir de la localité, mais ils ne menacent pas de ruine les propriétaires des entrepôts et des magasins établis sur le vieux port ; tandis que le projet d'Arrenc dévore les entrailles de cette partie de la population. Avec les projets de la Joliette, proposés avec succès sous Louis-Philippe encore, les entrepositaires du vieux port ont la certitude de retenir une bonne partie du mouvement commercial, rien qu'à cause de l'incommodité de l'emplacement des docks dans le port de la Joliette ; car ce port ne sert lui-même qu'à débarrasser aujourd'hui le vieux port des stationnaires et des vaisseaux en partance ; il ne contribue en rien au mouvement du débarquement et d'embarquement des marchandises. Avec le projet d'Arrenc, cet espoir même est anéanti et les propriétaires sur le vieux port sont ruinés définitivement. De là vient le contre-projet des docks de la Rive-Neuve, dits *Docks Napoléon*.

L'emplacement de ces docks serait à la douane existante (nos lecteurs le trouveront marqué sur notre planche n° 2). Les intéressés vantent, comme un des avantages les plus remarquables de leur projet, la proximité de leurs docks du quartier commerçant et riche ; ils soutiennent que c'est un complément indispensable de cette partie luxueuse de la ville.

Cette considération nous paraît loin d'être juste ; il nous semble que ni le commerce de détail de la Canebière, ni les joueurs de la place de la Bourse, ni les riches commerçants n'ont besoin d'avoir à cent pas d'eux cet établissement ; il est vrai, tous y auront des intérêts plus ou moins directs, mais ils n'auront pas besoin de les surveiller comme une jeune fille, ni d'aller aux docks comme une petite bourgeoise va à la cave. L'exemple des docks de Londres, qui bénéficient en raison de leur rapprochement de la cité, ne peut pas être invoqué à Marseille, dans une ville de troisième ordre dont les distances sont si rapprochées et les quartiers si resserrés. Les docks doivent être, en effet, à la portée raisonnable du centre commercial, recevoir facilement les ordres et connaissements, mais ils doivent être le plus près possible seulement des établissements industriels qu'ils peuvent alimenter. Eh bien ! nous ne croyons pas que la Canebière et les rues adjacentes soient le centre de la manipulation des matières premières et de la fabrication. En éloignant l'emplacement des docks du fond du port et en le rapprochant plus près du goulet, le quartier ne perdra rien de son importance, et non-seulement ces docks seraient alors plus à portée du quartier des fabriques, mais ils coûteraient beaucoup moins ; ce serait enfin un dédommagement pour les quartiers avoisinant Notre-Dame-de-la-Garde, auxquels nous enlevons déjà le palais impérial. Par conséquent, s'il doit y avoir un dock dans ce quartier, nous croyons que, en tout cas, il ne devrait jamais occuper la place du bâtiment de la douane. Maintenant, un dock est-il indispensable pour la prospérité du vieux port, oui ou non ? Voici la vérité.

Si le gouvernement donne la préférence aux docks de la Joliette, le vieux port n'a rien à craindre, et les magasins de la Rive-Neuve feront toujours une concurrence avantageuse aux docks ainsi placés. Mais si le projet d'Arrenc ou le nôtre doit être accepté, il sera du devoir du gouvernement, à notre avis, de décréter simultanément les docks de la Rive-Neuve, autrement tout ce quartier serait ruiné sans retour.

Mais les docks d'Arrenc et de la Rive-Neuve décrétés et exécutés simultanément pourront-ils co-exister ? Voilà la question. Ou ils se feront concurrence, alors l'un d'eux sera ruiné ; ou ils vivront sous des administrations et sous des tarifs amis, alors le partage du marché marseillais existant ne leur suffira pas. Ils ne peuvent pas avoir, dans les conditions présentes du commerce de la ville, un moyen de partager les spécialités des marchandises et du commerce, comme cela aurait lieu dans le cas de l'exécution de nos projets. Avant que le mouvement commercial sous le régime restrictif existant soit agrandi au point de pouvoir suffire aux besoins des deux établissements, les deux Compagnies rivales auront le temps de se dévorer mutuellement.

Mais les exigences des adhérents de la Rive-Neuve ne se contentent pas toutefois de la perspective de posséder un dock dans leur port concurremment avec les docks de l'autre côté de la montagne Saint-Jean, ils le demandent à l'exclusion des projets rivaux. Ici la question change complétement; ce qui serait justice et équité à leur égard, dans le cas de l'exécution des docks du côté de la rade, devient une flagrante atteinte aux intérêts les plus respectables, une menace pour la partie industrieuse et salariée de la population, une charge immense pour le commerce de détail , une atteinte aux revenus de la ville et de l'Etat, un moyen de briser tout l'avenir du commerce marseillais et le développement de la fortune immobilière et générale. Car ce serait le plus sûr moyen d'empêcher la ville de s'étendre et de sortir des limites dans lesquelles elle est enclavée fatalement ; ce serait le moyen le plus sûr de centraliser encore davantage, dans le petit espace plat de la ville, toute l'industrie de la localité et d'élever la valeur des terrains et de la location qui sont déjà si exorbitants, à des prix deux fois plus forts. Voilà la situation vraie des trois projets rivaux pris séparément et vis-à-vis l'un de l'autre.

Maintenant, en face de nos propositions, en regard des avantages que nous offrons à l'Etat, à la ville, aux départements, au commerce, au transit externational, aux ressources maritimes, à l'industrie marseillaise, etc., que peuvent opposer nos trois rivaux? Peuvent-ils admettre nos tarifs? Peuvent-ils marcher sans subvention aucune? Offrent-ils quelque chose d'équivalent à ce que nous offrons? Que perdraient même nos concurrents par l'abandon de leurs projets? Rien, et voici pourquoi. Il y a deux catégories d'intéressés dans chacun de ces projets. D'abord les capitaux engagés, et ensuite les intérêts locaux qui ont provoqué ces projets. Quant aux capitaux, n'y a-t-il pas de place pour eux dans notre combinaison, et celle-ci n'offre-t-elle pas plus d'avenir aux capitalistes, et aux hommes intelligents plus de bénéfices et plus de places à conquérir que dans les trois projets pris ensemble? Quant aux intérêts locaux, ne seront-ils pas tous désintéressés?

Ainsi, la ville demande le projet de la Joliette, parce qu'il est le plus modeste et le moins exigeant; par conséquent, la ville espère conserver davantage de ce qu'il lui faut pour la cathédrale et pour le palais impérial. Mais n'acceptons-nous pas ces charges? Demandons-nous quelque subvention que ce soit? N'offrons-nous pas 5 pour 100 de nos bénéfices nets et la propriété, après quatre-vingt-dix-neuf années, de nos docks, de nos tunnels et de toutes nos propriétés non réalisées dans le quartier neuf?

Une partie de la ville, les hauts quartiers, sont très-intéressés de voir réussir le projet de l'anse d'Arrenc, qui rapprocherait d'eux le commerce de la ville; mais, quelque injuste que soit ce désir, nous leur offrons une grande compensation; ne plaçons-nous pas à leur proximité le futur palais impérial qui donnerait une grande valeur aux terrains environnants?

Enfin, le troisième intérêt de la localité est celui des propriétaires qui protégent le projet des docks de la Rive-Neuve; tout en soutenant qu'il est impossible de se contenter de ce dock seul, nous reconnaissons la nécessité d'un dock sur le vieux port, au cas où le projet d'Arrenc ou le nôtre serait exécuté. Mais il est évident que, seuls, nous pouvons courir les chances de l'établissement de ce dock fait évidemment à perte, avec des tarifs bas, comme nous les avons proposés. Nous pouvons l'entreprendre nous, mais personne autre; car, en établissant les docks de la rade dans un *quartier franc*, nous laissons à notre dock du vieux port une immense part du mouvement commercial de Marseille. Tout le commerce et toute l'industrie pour la réexportation se dirigeraient alors nécessairement vers les docks du quartier franc, tandis que les chargements destinés au commerce intérieur appartiendraient toujours au dock de la Rive-Neuve. Seulement, le mouvement du quartier neuf, il faudra le provoquer et le créer, tandis que l'autre est tout fait, et il restera où il est.

Mais, comme nous l'avons dit déjà, nous ne pouvons accepter l'emplacement de la douane existante pour notre dock dans le vieux port, et cela non-seulement à cause des raisons que nous avons citées, mais encore parce que le dock placé de cette manière gênerait considérablement l'établissement du projet d'assainissement qui serait d'autant plus nécessaire si un dock devait trouver ici sa place. Nous croyons que, nos travaux de la rade une fois finis, nous pourrons, sans aucun inconvénient pour les intérêts du vieux port, transporter le bassin du Carénage dans le quartier neuf et entourer le bassin existant des magasins pour l'entrepôt des marchandises. Cela fera un dock magnifique. Les terrains de la douane ne perdront pas pour cela de leur valeur, ils seront seulement autrement employés qu'ils ne le sont aujourd'hui. Ils sont trop bien placés pour cela, et la population en général ne fera qu'y gagner.

En énonçant les intérêts locaux engagés dans la question des docks, nous sommes obligé de compter dans leur nombre les prétentions de l'administration du chemin de fer de Lyon à Marseille, qui s'est mise sur les rangs pour la concession des docks de Marseille.

Les administrateurs de ce chemin de fer soutiennent que les docks doivent être le complément obligé de toute voie ferrée; que le transport des marchandises leur étant dévolu, il est urgent de leur donner aussi le moyen de les emmagasiner; que c'est une simplification pour le commerce et une économie dans le transbordement et dans les frais administratifs.

Quelque spécieux et ingénieux que puisse être ce raisonnement dont nous ne contestons pas l'habileté, nous croyons qu'il est nécessaire que le Gouvernement et le public du midi de la France décident s'ils entendent livrer à un seul moyen de transport toutes les branches des produits de l'intérieur de la France vers la Méditerranée, si toutes les industries peuvent s'en accommoder et y trouver des avantages.

Nous ne le croyons pas. Nous sommes convaincu qu'un grand nombre des produits bruts et encombrants souffriraient considérablement s'ils n'avaient pas à leur portée des voies navigables qui les conduisissent à bas prix, quoique plus lentement, vers les centres du commerce et de l'industrie sur la Méditerranée. C'est surtout le charbon de terre et le charbon de bois, le bois, les céréales, les vins de l'intérieur de la France qui souffriraient beaucoup des prix auxquels le chemin de fer mettrait leur transport, surtout lorsque, en accaparant les docks de Marseille, il nous arracherait notre opération des mains et aurait la certitude que nos projets de la canalisation du Rhône seraient à jamais abandonnés. Mais les produits bruts de l'intérieur de la France et l'industrie française sur la Méditerranée, qui auraient plus d'avantage alors à se pourvoir des produits étrangers, ne seraient pas les seuls à souffrir de cet accaparement peu intelligent de l'administration du chemin de fer. La création des docks à Marseille et la franchise de port feraient de Marseille l'entrepôt général des produits bruts de la Méditerranée. Le blé d'Odessa et le bois de construction, les graines oléagineuses et le coton d'Egypte auront tout l'avantage d'attendre à Marseille les demandes de la consommation et de l'industrie anglaise, au lieu d'aller à Londres et à Liverpool se livrer exclusivement aux capitaux anglais. Ici ils seront plus à même de défendre leurs prix. Eh bien! est-ce que c'est le chemin de fer qui peut fournir à ces marchandises, livrées à destination de l'Angleterre, un transport facile et à bas prix qui leur fasse souvent préférer la voie directe de l'intérieur de la France au lieu de la circumnavigation et les risques de mer du transport par des navires à travers l'Atlantique?

Non, le chemin de fer ne pourra jamais être qu'une voie

commode et facile pour le transit des voyageurs et des objets de luxe peu encombrants.

Que les chemins de fer se contentent de ce lot magnifique, cela leur suffit, et avec cela ils feront de très-bonnes affaires; mais qu'ils n'empiètent pas sur les intérêts généraux et nationaux du pays.

Que les administrateurs du chemin de fer veuillent bien remarquer encore qu'ils ne feront que gagner à l'exécution de nos projets, de nos docks, de notre franchise de port et de notre canalisation du Rhône; ce sont autant d'éléments certains de l'augmentation du nombre de voyageurs sur leur ligne et des objets de luxe. Donc, au lieu de rivaliser avec nous et d'empêcher par des menées secrètes la réalisation de nos vœux, les administrateurs du chemin de fer et leurs alliés, dont nous avons beaucoup à nous plaindre, *les Messageries,* devraient nous donner au contraire un concours ouvert et loyal; deux choses qui sont le contraire de leur conduite présente.

Parlerons-nous encore de nos concurrents des docks de France qui veulent cumuler la construction des docks de la France entière?.. Moyen certain de ne rien faire peut-être et d'empêcher ce qui est utile et pressant. Les hommes de cette combinaison financière n'ont-ils pas de place à côté de nous, pour les docks du Hâvre, de Bordeaux, de Nantes et de Cherbourg, ou même, n'ont-ils pas la liberté de travailler avec nous? Veulent-ils empêcher l'exécution de la mise en culture des terrains d'alluvion maritime qui ont besoin de capitaux si considérables, et que la France ne saurait jamais entreprendre si nous ne profitions de la ressource certaine que nous procure la vente de nos terrains du quartier des docks ou leur engagement dans la société hypothécaire, pour exécuter ce travail admirable et si utile à la France (1).

Il est impossible de supposer que les sentiments personnels d'une rivalité industrielle puissent dominer la voix de l'inté-

(1) Nous renvoyons nos lecteurs à la fin de notre ouvrage. La copie de la lettre adressée, au mois de juin 1853, à M. Heurtier, prouvera les sentiments de conciliation qui nous animent et qui posent les bases de la *fusion* de la Compagnie des *Bouches-du-Rhône* avec les *Docks généraux,* dans le cas où cette fusion serait agréable au gouvernement de Sa Majesté.

rêt particulier, de l'intérêt et de l'honneur nationaux. Nous espérons encore beaucoup du patriotisme et de l'équité des trois administrations que nous venons de citer.

Pour revenir à notre projet, nous répondrons à ceux qui reprochent encore à nos docks d'être aussi éloignés que ceux de la Joliette qu'on trouve déjà si incommodes, que nos tunnels rapprochent les distances, et que ce n'est qu'avec nos projets, dans lesquels on espère le mouvement d'une population immense, qu'on pourra entreprendre l'exécution de ces passages souterrains. Nos docks seront ainsi rapprochés considérablement du centre existant du commerce, et, en admettant la différence du commerce entre les deux quartiers, nous soutenons que nous ne déplacerons nullement le centre existant des affaires, et que nous créons seulement un centre nouveau, d'une nature différente, et qui laissera les choses comme elles sont dans ce qui existe. C'est de cette manière que nous croyons rassurer et désintéresser tous les intérêts locaux engagés dans la question des docks, tout en faisant droit aux intérêts les plus larges et aux plus vastes aspirations de la France entière.

Il y a encore une considération capitale à remarquer et que nous n'avons fait que signaler à l'attention de nos lecteurs : c'est la question de la sécurité de notre quartier contre les agitations de la mer.

Hélas ! il n'y a rien de parfait dans le monde, et chaque chose a son revers. L'existence de certain vent du Nord le long des côtes, et contre lequel la rade de Marseille n'a aujourd'hui aucun genre d'abri, n'est pas contestable ; dernièrement encore, les bâtiments stationnés dans le port de la Joliette, et même dans le vieux port si bien abrité pourtant, ont eu beaucoup à souffrir ; mais notre projet en est-il plus menacé que le projet d'Arrenc ou les docks de la Joliette? Nullement ; nous sommes et nous serons placés tous les trois sous le coup de ce danger ; avec cette différence seulement que l'exécution de nos projets nous met à la tête de capitaux si considérables, de ressources si éminemment prodigieuses dans l'avenir, que nous pouvons aller hardiment même au devant de la folle entreprise d'augmenter la sécurité de la rade et de la rendre tenable aux vaisseaux de la marine de guerre, appui indispensable des travaux élevés pour la défense de notre quartier, complément de la puissance du point stratégique que nous aurions créé pour les forces navales françaises. Il est évident que, grâce aux ressources que présentera à la Compagnie la dernière partie de nos travaux : la mise en culture des terrains d'alluvion maritime : celle-ci pourra, dans un prochain avenir, concurremment avec l'Etat, aborder l'exécution de l'idée qui a été émise par d'autres, plusieurs fois, je crois, de fermer une partie de la rade par des jetées, pareilles à celle de Cherbourg, mais qui seraient ici beaucoup moins coûteuses et moins longues à construire.

Nous offrons à l'attention du Gouvernement et de nos lecteurs le tracé des trois jetées qui compléteraient le système de défense et d'amélioration dont ce point de la côte serait susceptible, et qui garantiraient en même temps toute la partie utile de la rade. Le port de la Joliette et notre quartier seraient ainsi entièrement à l'abri des dangers que nous avons signalés et qu'on ne pourra jamais éviter que par ce moyen héroïque. C'est une dépense possible de 25 millions, supposons 30 millions. Il nous semble qu'en face des résultats de notre entreprise que nous retracerons plus bas, cette dépense est non-seulement possible pour la Compagnie concessionnaire, mais qu'elle lui sera ordonnée par une bonne politique nationale et par ses propres intérêts menacés à tout moment par les fureurs de ce maudit vent du Nord qui a produit dans la rade tant de catastrophes terribles, et qui peut causer de grands dommages aux vaisseaux stationnés dans le port désigné par le nom de port Napoléon. Mais applaudissons-nous que la création de nos travaux, et principalement de notre jetée, qui couvre notre port Napoléon, diminuera notablement les dangers de ces coups de vent pour le vieux port et pour celui de la Joliette ; il suffit de remarquer sur notre carte la direction de ce vent désastreux, et on se convaincra que le contre-coup des vagues qui glisseront sur les jetées de notre quartier iront dorénavant amortir obliquement les vagues de la pleine mer portées sur la Joliette et sur l'entrée du goulet.

Avant d'aborder maintenant les considérations et la description de notre système de la mise en culture des terrains d'alluvion maritime, nous sommes obligé de nous arrêter sur la nature, la portée et les conditions du droit de la *franchise de port* que nous réclamons pour notre nouveau quartier et sans lequel notre projet ne serait pas possible.

CHAPITRE IV.

Du droit de la franchise de port demandé pour le nouveau quartier de Marseille.

La franchise de port que nous demandons au Gouvernement de Sa Majesté n'est pas un privilége inconnu en France et encore moins en Europe. Il fait la force et la richesse de plusieurs villes, comme Trieste, Odessa, Livourne, Hambourg, Lubeck et autres. Par sa nature, ce droit exceptionnel complète d'une manière rationnelle et intelligente le système de protection que les peuples pratiquent dans l'état normal de leur existence. La *franchise de port* est un emploi utile et pratique, sur un seul point du territoire, de la liberté complète du commerce, système que la théorie pure conçoit, qui plaît, comme toute idée extrême et radicale, à l'imagination et à l'esprit d'examen, système que certaines nations, placées dans des conditions exceptionnelles de population, d'industrie et de position géographique, peuvent affronter hardiment, et surtout pour un temps ; mais qu'on ne pourra jamais pratiquer sans les plus grands désastres dans l'universalité des gouvernements, et sans tomber dans les dangereux ridicules du faux sentimentalisme de la paix universelle. Les nations grandissent et meurent, c'est le lot des choses d'ici-bas ; mais elles ne peuvent grandir qu'au détriment des autres peuples, ni mourir qu'à l'avantage des autres; il n'y a que la fable grecque qui change les cailloux en populations. Enfin, les systèmes commerciaux ne peuvent être appliqués aussi qu'autant qu'ils deviennent, suivant le temps et les circonstances, une arme défensive ou offensive de la richesse nationale.

Il a été surabondamment prouvé que le système de protection est ce qui convient à la nation française, et dont les profits se sont fait sentir du moment surtout où l'Angleterre a admis la pratique du système contraire. Il faut donc compléter aujourd'hui ce système de protection en lui donnant deux choses qui lui manquent encore : la garantie légale de sa durée et ensuite un déversoir en quelque sorte aux intérêts moraux et industriels qui invoquent la pratique du système contraire.

Car, il ne faut pas se le dissimuler, une nation aussi grande que la nation française, un pays placé aussi heureusement que celui-ci, a des intérêts si divers, si multiples, que la pratique d'un système uniforme de commerce et d'industrie doit froisser des intérêts nombreux, tout en donnant gain de cause aux intérêts généraux.

Ainsi, la France, placée si avantageusement comme pays de transit commercial, comme aboutissant et route intermédiaire entre les nations qui les avoisinent, comme marché des échanges entre les trois parties du monde, l'Europe, l'Asie et l'Afrique, la France n'a rien qui attire chez elle les produits de ces peuples pour être échangés entre eux; pour que ce sol de France, si privilégié sur ce point de la Providence, serve de marché et d'entrepôt à leurs produits; pour que l'échange et le mouvement des produits des autres peuples se fassent sur le sol de France et sur les routes françaises.

Les vallées du Rhône et de la Seine ne sont-elles pas des routes naturelles que le Créateur semble avoir tracées depuis des siècles pour les échanges des peuples du Nord avec le Levant et les Indes? La France ne semble pas avoir toujours compris cette heureuse position de son sol. La nation française, douée d'une grande puissance d'intelligence et de goût, a voulu être le point unique d'expansion des idées politiques et du mouvement social; elle a voulu les faire rayonner de ce centre superbe sur le monde entier : elle y a réussi ; mais, dans cette admirable préoccupation, elle semble avoir oublié un autre devoir vis-à-vis des autres peuples et vis-à-vis d'elle-même, un avantage du sol, qu'elle a négligé jusqu'aujourd'hui, en cultivant les facultés de son intelligence.

C'est la création des chemins de fer d'Allemagne, ce sont les préoccupations jalouses de l'Angleterre, qui s'est aperçue la première de sa dépendance naturelle de cette position géographique de la France, qui ont donné le premier éveil. On s'en souvient, l'Angleterre a fait tous ses efforts pour créer le transit à travers l'Allemagne et l'Italie ; elle n'y a pas réussi, parce que cette route n'est pas naturelle ; mais cela a suffi pour ouvrir les yeux au public francais. Il en est résulté un désir fiévreux de compléter le réseau des chemins de fer francais. Mais, est-ce suffisant? Les chemins de fer rapprochent les distances, mais ne facilitent pas les échanges, n'attirent pas les marchandises ; au contraire, les prix de ce genre de locomotion, favorables au mouvement du personnel, ferment ce chemin à la majorité des objets d'échange. La constructien de ces lignes décourage et rend même presque impossible la création de routes navigables de l'intérieur du pays, seul moyen qui réponde aux besoins des échanges commerciaux et d'un grand mouvement des produits naturels et manufacturés.

Mais, ce n'est pas tout : supposons qu'une combinaison quelconque facilite la création d'une artère de navigation intérieure qui devienne la route la plus courte et la moins coûteuse aux produits bruts de la Méditerranée qui doivent s'acheminer vers les manufactures de l'Angleterre et de l'Allemagne, et aux objets manufacturés de l'Angleterre, de l'Allemagne et de la Suisse vers le Levant et les Indes ; supposons que la vallée du Rhône soit rendue navigable jusqu'à la Méditerranée et aboutisse au centre du commerce existant déjà, et qu'on n'a pas besoin de créer ; est-ce que la législation du pays, est-ce que la pratique du système protecteur dans ce pays d'égalité vis-à-vis des cités, facilitent le moins du monde ce mouvement d'échange ?

Y aurait-il quelque part un point sur lequel ces objets de commerce trouvassent un refuge, un droit de stationnement, de manipulation et celui d'opérer les échanges, le débarquement, l'embarquement et la transmission d'une main à l'autre de ces marchandises ?

Pour que ce côté des besoins et de la richesse nationale puisse se développer, il faut non-seulement de tous côtés des routes navigables, sûres et commodes, à travers l'intérieur de la France; des aboutissants de ces routes déjà formées; mais encore il faut des droits politiques et commerciaux qui répondent aux besoins de cette nouvelle industrie nationale.

Oui ! c'est une nouvelle industrie, source d'une nouvelle fortune nationale, qu'on ferait surgir de cette manière et qu'on a négligée.

Mais, nous serions les premiers à blâmer le gouvernement si, sous la préoccupation de ce besoin révélé du transit international, il voulait se lancer à la poursuite de l'utopie prétendue sentimentale, mais en réalité profondément hypocrite et sournoisement désorganisatrice, de la *liberté d'échange;* et qu'au lieu d'ouvrir une artère à la facilité des échanges entre les nations et les zônes séparées l'une de l'autre, et dont la France est le nœud géographique, il voulût lui ouvrir le marché de la consommation intérieure, qui est certes le plus considérable du monde entier. Ce n'est pas nous qui engagerons jamais le gouvernement à lancer la France sur cette route qui mène aux abîmes. N'en déplaise, la race latine n'a pas la tête assez solide, ni le sang assez froid pour côtoyer ces abîmes sans le plus grand danger.

Aussi sommes-nous certain de nous renfermer complétement dans les bornes les mieux accusées du système protecteur, en demandant l'application la plus large et la plus complète du libre échange, mais pour un seul et unique point du territoire français, et qui est désigné géographiquement, comme le point d'arrivée et de départ de la route navigable, sur laquelle doit s'opérer le mouvement d'échange international sur le sol français. Ce point doit, par conséquent, servir naturellement de marché au commerce du monde entier, de point d'échange et de manipulation des produits étrangers. Ce point doit donc se trouver en deçà des limites et de la pratique du système protecteur sous lequel le reste de la France doit continuer d'exister. Voilà les raisons qui nous font demander la franchise de port pour la ville de Marseille. Car cette ville, grâce au reste du projet que nous développerons plus bas, et qui fait arriver le Rhône au sein d'un de ces quartiers futurs, grâce aux docks que nous proposons, est destinée visiblement à compléter le système français du transit des marchandises étrangères.

Nous ne sollicitons même pas ce droit exceptionnel pour la ville de Marseille tout entière. Non, nous ne le demandons que pour le seul et unique quartier maritime dont nous avons proposé la création. Nous sommes guidé en ceci non-seulement par notre propre intérêt ; mais encore par la connaissance parfaite des lois naturelles qui président à l'établissement des villes libres.

En effet, quelle est la loi que nous avons pu observer dans l'établissement de ces cités? c'est que ces villes profitent d'autant seulement sous le régime de cette loi exceptionnelle, que celle-ci est appliquée à des centres nouveaux d'agglomération de la population.

Odessa et Trieste, comparées à Venise et à Gênes, présentent les contrastes les plus frappants de la différence des résultats que produit la liberté du commerce. Sur une échelle un peu moins considérable et moins connue, l'exemple de l'antique ville de Cracovie, comparée à la petite bourgade de Brody, au fond de la Gallicie, sur la frontière russe, nous présente les mêmes leçons. Il résulte de ces observations pratiques, que la liberté du commerce octroyée à des cités anciennes n'ajoute presque rien à la prospérité de ces villes, tandis qu'appliquée à des centres nouveaux de commerce, elle devient une source de grandeur inouïe pour elles. Nous en avons une preuve évidente dans le passé de la ville de Marseille elle-même. Marseille fut aussi décrétée ville libre par Napoléon Ier et par Louis XVIII. Il en résulta une telle clameur des intérêts locaux froissés, des vexations de douanes, des sévices, des conflits administratifs et privés, ajoutez la contrebande, et avec cela aucun genre de progrès commercial qui ne pût dériver du peu d'intelligence d'une population routinière, vexée et peu éclairée, si bien que le gouvernement se vit obligé de lever ce droit exceptionnel au grand contentement de la population à laquelle on a voulu faire plus de bien qu'elle n'était capable de le comprendre. Mais il ne faut pas trop s'en prendre à l'intelligence de la population de cette ville, on ne peut lui demander que ce qui est dans sa nature.

La population de la ville de Marseille est sédentaire, unie de longue date par les liens les plus intimes avec les provinces environnantes et avec l'intérieur de la France ; toute la vie intérieure, vie publique, commerciale et industrielle, y est basée sur les communications continuelles de la ville avec le reste de la France. Imposer à une population ainsi organisée un système de douanes qui les en sépare, c'est une de ces entraves, une de ces vexations qui exaltent tous les sentiments de la population la mieux éclairée sur les bénéfices du système nouveau, profitable et avantageux, mais qui l'obligent à sortir des voies ordinaires et de toutes les habitudes prises, en blessant les sentiments les plus intimes du cœur. Le temps et la violence ne ne font qu'irriter toute cette masse d'hommes.

Mais il en est autrement avec des villes naissantes, comme l'étaient Odessa, Trieste et Brody. Ici, le système précéda l'arrivée de la population, qui s'organisa alors sous le harnais de cette loi restrictive dans sa liberté. Vexatoire pour les autres, elle convenait à la nature de cette population et devint le moyen de son existence et l'élément de sa fortune. Le résultat sera le même pour notre nouveau quartier. Il n'y aura que ceux qui pourront y trouver des avantages réels qui iront porter leurs pénates entre la mer houleuse et les rochers de la côte. L'espoir d'un lucre certain y amènera, sans le moindre doute, un grand nombre de commerçants étrangers, attirés non-seulement par l'agglomération des produits entreposés de leur sol ou de leur industrie, mais encore par la vente en détail de ces marchandises qui sera évidemment libre dans ce quartier.

Car pour que le système proposé puisse rendre tous les services dont il est susceptible, il faut que la liberté octroyée à notre quartier soit réellement complète, sans aucune restriction, aussi bien quant aux taxes qu'aux procédés administratifs de l'arrivée des marchandises et de leur sortie par mer.

Ici l'arrivée des navires, des ballots et des colis par le transit de terre, le débarquement, l'embarquement, la manipulation, le débit en grand et en détail, doivent être libres, complétement libres et sacrés. Si la liberté octroyée autrefois à la ville de Marseille était plus vexatoire et moins profitable encore que partout où ce droit a été appliqué à des cités anciennes, c'est que ce système n'avait réellement de la liberté que le nom. La ville était seulement étranglée par deux systèmes de douanes; l'un du côté de la terre ferme, complétement prohibitif quant aux tarifs, et vexatoire dans la manière de son application; l'autre, du côté de la mer, plus libéral, il est vrai, au point de vue des taxes, mais non moins tracassier quant aux formes et aux procédés. Aujourd'hui, toute restriction ne peut qu'ouvrir la porte à une restriction nouvelle et lui servir de précédent. Cette fois, le but commercial et industriel de cette loi exceptionnelle autrement posée et mieux étudiée doit lever toute barrière administrative et douanière du côté de la mer et pour le transit de terre.

En effet, autrefois il ne s'agissait pas d'un système de transit quelconque; tout en convoitant la route des Indes par l'Egypte, le génie de Napoléon Ier, dans son hostilité pour l'Angleterre, ne pouvait certes consentir à ouvrir aux marchandises anglaises la route à travers la France, quoique cette voie une fois ouverte, la France fût plus maîtresse de la route des Indes que si elle tenait l'Égypte entre ses mains. Le Rhône, voilà la route naturelle du nord vers les Indes!

D'un autre côté, le système de la franchise de port n'a été pratiqué jusqu'aujourd'hui que dans deux buts: soit pour établir une contrebande organisée, comme cela a lieu en Autriche, à Brody et à Cracovie; ou bien comme un palliatif au système restrictif, afin de favoriser le développement du mouvement maritime, comme cela avait lieu autrefois pour Marseille, et ainsi que cela a lieu pour Odessa et pour Trieste. Nous ne parlons pas des villes libres de la ligue anséatique, c'est une raison d'être des Etats souverains, mais non pas un droit et un privilége exceptionnel pour une seule partie du territoire d'un grand pays. Jusqu'à présent, on n'a pas employé ce système comme base d'un mouvement industriel, comme cela aurait lieu dans notre quartier; et cela se comprend facilement. Jusqu'à présent ce sont les pays les moins industrieux, comme la Russie, l'Italie et l'Autriche, qui l'ont appliqué, et cela précisément parce que ces pays manquent d'industrie et qu'ils font appel aux industries étrangères.

Ici la question change complétement de face et de but. Ici la franchise de port et la liberté commerciale, appliquées largement, créeront, grâce à la position géographique de Marseille et selon les besoins de la population française, une nouvelle branche de l'industrie manufacturière nationale, industrie pratiquée aujourd'hui en petit, et nommée le travail à l'entrepôt.

Cette fois, grâce à la position géographique de la ville de Marseille, grâce aux voies navigables intérieures qui ouvriraient les portes de cette ville aux produits bruts de l'intérieur de la France et au transit des matières encombrantes, le travail nommé *à l'entrepôt* prendrait un développement inouï et ferait de la ville de Marseille une ville manufacturière de premier ordre.

En effet, que tous ceux qui demandent, avec autant de passion personnelle que de danger pour l'industrie française, de lever toutes les mesures restrictives du système français des douanes; ceux qui voient dans la liberté d'échange le moyen d'avoir les matières premières et les objets de consommation à meilleur marché, pour pouvoir, disent-ils, fabriquer plus facilement, à meilleur prix, et faire, par conséquent, une concurrence plus vigoureuse à la fabrication étrangère; que tous ces fabricants, comme M. Dollfus et ses amis, aillent vite s'établir dans notre nouveau quartier libre de Marseille, qu'ils y amènent leurs ouvriers, qu'ils y attirent des ouvriers étrangers et des machines étrangères dont ils vantent l'emploi; ils y auront des matières premières non-seulement libres de tout droit d'entrée, mais ils les auront, pour un grand nombre de provenances, plus facilement et à meilleur prix que leurs concurrents d'Angleterre et d'Allemagne. Le coton d'Egypte, pour aller en Angleterre et en Allemagne, aura trois fois autant de chemin à faire et de risques à courir que pour aller à Marseille. Le coton trouvera nos docks à meilleur marché que ceux de Londres et de Liverpool. Les *warrants* français auront un cours plus facile à Alexandrie et au Caire que ceux de Londres, à cause de la proximité locale, de la facilité d'échanges, de vérifications et d'encaissement. M. Dollfus et ses amis trouveront dans notre quartier la nourriture pour leurs ouvriers à meilleur marché qu'à Londres. Il y a plus : le coton une fois fabriqué, avec l'économie du transport, de la matière brute, du droit d'entrée, du droit de sortie et de la main-d'œuvre, aura son marché d'écoulement plus près que n'auraient les produits des manufactures anglaises et allemandes.

Que faut-il de plus à ces messieurs? N'auront-ils pas tous les avantages qu'ils réclament aujourd'hui au détriment des autres industries nationales et des finances de l'Etat? Ils pourront pratiquer le système de leurs affections sans aucun danger pour les autres. Ils auront tous les marchés étrangers à pourvoir, concurremment avec l'industrie étrangère, sans que la consommation de l'intérieur de la France en soit affectée, sans que le marché le plus riche de la consommation soit livré à l'étranger. Les libres-échangistes, en admettant cette garantie légale de l'existence du système protecteur en France, pendant les quatre-vingt-dix-neuf années que procurerait à la France l'octroi de notre privilége, auront tout le temps de montrer si leur système est applicable ou non à la nature du caractère national français; si le côté moral du libre échange, tant vanté par les prôneurs de ce système, si la continuelle présence sur le même marché des objets fabriqués par des industries rivales et leur concurrence, sauront produire des effets utiles pour le progrès de ces industries. Un marché de cent mille âmes que nous leur offrons sera assez considérable pour amener ces résultats, s'ils sont possibles; mais il sera assez restreint pour ne pas affecter l'industrie nationale. Si les libres-échangistes sont loyaux et justes dans l'exposition de leur système, s'il ne se trouve pas d'arrière pensée fatale aux intérêts de la France chez certains meneurs de ce parti économique qui pourrait bien cacher, sans le vouloir, un parti politique, peut-être une manœuvre étrangère, ils devraient accepter en face du monde cette espèce de transaction provisoire qui, tout en donnant, il est vrai, une garantie légale de quatre-vingt-dix-neuf années au système protecteur, livre toutefois au système du libre échange une partie du sol français et la faculté d'expérimenter les résultats pratiques de l'application de leur système au milieu de la population française.

De cette manière, la mesure que nous proposons, et qui nous est nécessaire, est, sous différents points de vue, il est vrai, dans l'intérêt des deux théories économiques qui partagent de nos jours le monde savant et financier. Pour les théoriciens du système de la protection, la franchise de port est une garantie légale de l'existence du système protecteur pendant quatre-vingt-dix-neuf années dans tout le reste de la France. C'est un déversoir pour les intérêts sérieux qui demandent l'abaissement partiel ou total des tarifs au profit de certains intérêts partiels du pays. Et, d'un autre côté, cette même franchise de port est, comme nous avons vu, pour les théoriciens sincères du libre échange, une conquête première, une première expérience dans laquelle ils pourront prouver à la population française combien ce système peut s'adapter au caractère français.

Du reste, il est impossible de méconnaître sous tous les points de vue les avantages que procurerait à la France l'octroi de ce privilége pour la ville de Marseille.

Aussi les antagonistes de cette mesure, au lieu de combattre la nature propre de cette mesure pour une cité placée d'une manière aussi exceptionnelle que l'est la ville de Marseille, se rejettent-ils sur un autre ordre d'idées. Ils soutiennent que non-seulement d'autres villes de France réclameront le droit octroyé à Marseille, mais encore que les principes de la législation égalitaire qui gouvernent la société française empêcheront l'octroi de ce privilége à une seule ville de France, ou bien autoriseront les autres cités à réclamer les mêmes avantages.

Nous n'entrerons pas ici dans l'appréciation de ce charmant système d'égalité politique ; nous ne nous permettrons même pas de douter de la réalité de son règne en ce pays ; nous nous y soumettons facilement même dans cette circonstance, quoiqu'il nous semble que ce serait bien ici le cas ou jamais d'admettre le principe d'exception que la pratique égalitaire admet si facilement.

En effet, quelle ville de France se trouve dans une position géographique pareille à celle de Marseille? Quelle est la ville qui puisse servir de tête, de point de départ et d'appui à l'artère naturelle d'un transit international? Et si les villes de Cette, de Bouc et d'Agde étaient placées, quant au Rhône et quant à l'intérieur de la France, dans la même position que Marseille, l'octroi de ce privilége pourrait-il, comme ici, présenter des avantages aussi vastes, aussi certains, aussi utiles que ceux qui résulteraient de la mise en culture de plus de 5,000 kilomètres carrés d'un terrain admirable, dont la fertilisation nous serait rendue possible par la concession de la franchise de port à notre terrain artificiel, dans la rade de Marseille.

Mais n'importe, nous voulons bien supposer que l'exception que nous invoquons dans l'application du système d'égalité administrative et législative peut présenter ici, sinon des dangers, au moins des ennuis au gouvernement de Sa Majesté. Nous voulons bien supposer que les avantages incalculables que nous offrons au pays ne lui suffisent pas, et que la pratique de l'égalité est le plus beau, le plus naturel et le plus sacré des droits auxquels il faut sacrifier les intérêts de la puissance nationale et le bonheur de millions d'individus. Nous admettons tout cela, et par cette raison bien simple que cela ne nous est pas applicable; car si le système égalitaire doit être appliqué, selon les lois du pays, à toutes les parties de la France, il est évident que ces mêmes lois ne peuvent aller au-delà des limites naturelles de la France. Est-ce que les colonies ou bien Alger n'ont pas leur législation sociale, civile et commerciale différente de celle de la mère-patrie?

Eh bien! notre quartier est un sol conquis, non pas sur les Arabes ou les Caraïbes, mais sur les éléments; il n'appartient pas à la carte de France, nous avons le droit de réclamer pour notre quartier une législation différente de celle de la mère-patrie. Par conséquent, nous demanderons, au point de vue législatif et administratif, d'être regardé *comme une colonie à portée des côtes de France.* C'est en éludant de cette manière la loi égalitaire de l'Etat français que nous nous voyons obligés de séparer de notre quartier les terrains du Lazaret qui doivent nous appartenir, mais pour lesquels nous ne pouvons pas invoquer les avantages de liberté commerciale, comme appartenant à la terre ferme et au sol de l'empire français.

Notre demande n'est pas nouvelle ; nous avons invoqué les bénéfices de cette position exceptionnelle de notre quartier, encore sous le roi Louis-Philippe, dans la brochure lithographiée dont il a été question plus haut. De cette manière, l'exemple de notre quartier de Marseille ne pourra être invoqué ni par Bouc, ni par Cette, ni par Bordeaux, ni même par le Havre qui, plus que toute autre ville, aurait peut-être le droit de réclamer pour lui la liberté commerciale comme partie inhérente au système de transit des marchandises étrangères. Le Havre devrait peut-être jouer au Nord le même rôle que jouera Marseille au Midi. Mais en réalité, il y aurait là déjà quelque peu d'exagération, une superfétation du système. Le Havre, point d'arrivée de la ligne du Rhône au nord, et Bordeaux, point d'arrivée de la ligne du Rhône dans le golfe de Gascogne par les canaux du Midi, n'ont besoin que de docks ; ceci laissera peut-être désirer quelque chose à ces deux villes, mais suffira à la France et au système, envisagé d'en haut et pris dans son ensemble. La liberté de port pour ces deux villes éparpillerait seulement l'effet industriel du système et l'action productive du transit. Pour les autres villes maritimes de France, il ne doit pas même en être question ici ; et quant aux villes frontières de terre, il serait bon de réfléchir et d'étudier s'il ne faudrait pas, dans une certaine mesure, rattacher quelques-unes de ces localités au système de liberté commerciale inauguré à Marseille. Ce n'est point ici le lieu de faire ce travail ; nous ne faisons que jeter cette idée dans la foule, espérant qu'elle germera tôt ou tard. En finissant sur ce qui tient, à notre avis, de la nature du droit exceptionnel dont nous demandons l'octroi, qu'il nous soit permis d'exprimer l'espoir que l'exercice de la visite sur le passage d'un quartier de Marseille dans l'autre, en donnant toutes les garanties possibles de répression efficace de la contrebande, conservera néanmoins certaines formes, certaines facilités que la pratique de la liberté commerciale a introduites dans les localités qui en sont dotées dans d'autres pays et qui devraient être assimilées aux formes courtoises et peu rigoureuses de l'octroi des grandes villes. Toute autre rigueur ne serait qu'une vexation inutile et irait contre le but de la loi admise.

CHAPITRE V.

Le dessèchement des terrains d'alluvion maritime du Delta du Rhône.

Semblables à une plaie immense dans un corps sain, vigoureux et superbe, les trois mille et quelques cents kilomètres carrés du Delta du Rhône s'étendent, à côté du sol cultivé du reste de la France, comme une honte pour la civilisation de ce pays et comme un défi jeté à son agriculture.

Trois mille et quelques cents kilomètres carrés d'un triangle immense, ayant pour base 120 kilomètres, distance de Bouc à Agde, et plus de 50 kilomètres en hauteur, restent depuis des siècles couverts de marécages, d'eau salée, offrant à la vue du voyageur des plaines désolées, couvertes de plantes marines, insalubres, habitées par des êtres humains peu nombreux et dans un état d'infériorité morale et intellectuelle bien caractérisé, entourés eux-mêmes enfin d'un règne animal dégénéré. Qui ne connaît les petits chevaux de la Camargue et les buffles sauvages de ces contrées?

Et pourtant, l'intelligence des habitants de la France s'est exercée depuis longtemps en efforts plus ou moins heureux pour dompter la nature rebelle de cette contrée; elle a réussi, à force de patience et d'efforts, à conquérir à l'agriculture quelques parcelles bien minimes; mais le reste, immense, s'offre toujours à l'intelligence humaine comme une conquête à faire.

Et c'est une conquête réelle et fructueuse que celle dont nous parlons. Un tiers de cet espace, entre les mains de ses propriétaires, ne représente aujourd'hui qu'une valeur de 10 à 30 fr. l'hectare, et ce même terrain, une fois dessalé, vaudrait le double des meilleures terres de l'intérieur de la France, qu'on évalue à 4,500 francs l'hectare!

Les systèmes, les routines qu'on a suivis jusqu'aujourd'hui pour opérer sur ce terrain, avaient pour objet certaines parties seulement du Delta du Rhône, mais jamais la totalité de cette surface. Ceux-ci se sont occupés des travaux de la Camargue, ceux-là de la Crau, les autres des terrains entre Arles et Tadascon, et aucun d'eux n'a réussi. On y a dépensé beaucoup r'argent en pure perte, on a découragé et les capitalistes et le gouvernement; mais on n'a abouti à rien. Quelle en est la raison? C'est que, égarés par les intérêts locaux partiels de ce terrain exceptionnel, les hommes du territoire ne se sont pas préoccupés des causes générales du mal, communes à toutes les parties de cette surface; ils voulaient toujours l'attaquer par le petit bout, autant que cela les intéressait eux seuls, et sans se soucier de leurs voisins; et c'est une chose naturelle, inhérente à la manière de procéder de notre esprit et à l'égoïsme de l'espèce humaine. Il fallait pour cela un étranger, placé complétement en dehors des intérêts de ces localités, pour que son esprit, amené par l'étude des intérêts du midi de la France et de la ville de Marseille, sur la nature de ce sol, pût apprécier et juger cette question à son point de vue général. Un étranger ne pouvait s'attacher à telle ou telle autre partie du Delta du Rhône, comme étaient obligés de le faire, par leur position et le milieu dans lequel ils vivaient, ceux dont les travaux honorables, mais infructueux, ont semé ce pays de ruines agricoles et industrielles. Moi, je fus obligé de chercher les causes générales du malaise, et, une fois cette cause connue, je fus amené forcément à chercher les moyens généraux d'y porter remède. Voilà l'origine du système que nous allons développer; voilà ce qui explique aussi la différence de mon système avec les systèmes selon lesquels on a opéré jusqu'aujourd'hui.

Moi, étranger, j'étais obligé, par le point de vue auquel j'étais placé, d'étudier et de juger cette question autrement que les hommes du pays. C'est peut-être un avantage pour moi, mais dont les Français, les hommes du pays, ne peuvent être jaloux, à moins de regretter d'être nés Français.

« Quelle puissance d'imagination, » a dit M. de Fr..., l'un des premiers ingénieurs des ponts-et-chaussées au ministère des travaux publics à un ingénieur, fils d'un général distingué, « et » quelle hardiesse de traiter les affaires d'une localité qu'on n'a » pas même vue. » Point du tout; il n'y a là ni excès ni hardiesse, ni excès d'imagination. Ma position avait seulement une corrélation évidente avec la vraie solution. Ce qui eût été un tort pour d'autres a été pour moi une force. Si j'avais étudié, comme beaucoup d'ingénieurs remarquables, telle ou telle localité seulement du Delta, et que je me fusse préoccupé de ce qu'il fallait faire pour l'une ou pour l'autre d'elles, j'eusse infailliblement été forcé de concentrer mon esprit sur les ressources locales; j'aurais profité de la proximité de telle ou telle autre voie d'eau douce pour dessaler le terrain; j'aurais proposé des canaux d'écoulement partiel, etc.; j'aurais dépensé beaucoup d'érudition pour mon compte et beaucoup d'argent à d'autres, et nous n'aurions rien fait. Mais non, la plus grande partie de ces localités ne me sont pas connues de vue; c'est ce qu'on me reproche, et pourtant c'est justement ce qui m'a mis sur la voie de la vérité. Car si je ne connais pas de vue toutes ces localités, que j'ai traversées une seule fois en humble et pauvre piéton, leur nature géologique, géographique, maritime et agricole, m'est parfaitement connue par l'étude et par la réflexion. Ces connaissances générales étaient suffisantes pour le point de vue où j'étais placé, et m'ont aussi donné la solution pratique et générale, qui devait nécessairement échapper à ceux qui étudiaient plutôt les détails que l'ensemble.

Voici maintenant l'état de la question quant à ce qui touche à la nature du sol qui nous occupe et sur lequel nous devons opérer.

Au premier coup-d'œil jeté sur la carte du Midi de la France, on aperçoit aisément le contour des bords primitifs de la Méditerranée dans le golfe de Lyon. C'est une suite de collines rocheuses plus ou moins élevées qui, depuis Bouc et Saint-Chamas, remontent au Nord pour s'incliner ensuite vers l'Occident, s'arrondissent au-dessus de Tarascon, puis vont avec une molle inclinaison vers le Sud se confondre avec les pieds des Pyrénées. Voilà le massif évident, primitif des anciens bords de la Méditerranée sur ce point. Mais, vers ce point aussi, la Providence a marqué le cours du Rhône, lequel, parti du centre de la France, descend par une pente rapide vers la mer, en traversant des gorges de montagnes aux parois friables, des vallons fertiles, et reçoit dans son sein les eaux bouillonnantes de la Durance qui charrie des cimes des Alpes les cailloux et le gravier.

Le golfe de Lyon forme dans la Méditerranée, par rapport à la direction du courant naturel qui s'opère dans ce lac immense d'occident en orient, et *vice versa*, du détroit de Gibraltar aux Dardanelles, sous la pression des hautes eaux du Grand-Océan, et de leur réaction lunaire, le golfe de Lyon forme ce qu'on nomme les eaux mortes, c'est le dépôt naturel de tous les corps solides rejetés en dehors de ce courant et portés vers le rivage par sa réaction.

La terre végétale de la Provence, les parcelles des montagnes d'Auvergne, les cailloux de la Durance apportés dans la mer par le Rhône sont par conséquent rejetés au fond du golfe et mêlés au sable, au détritus du règne animal et végétal de la mer, qui s'amasse lentement, sous l'action de la vague qui remplit ici le rôle d'une gigantesque demoiselle, si chère aux paveurs des rues de Paris, et forme ce qu'on nomme le terrain d'alluvion maritime.

Dans ce gigantesque travail d'enfantement, la mer laisse en arrière les surfaces considérables d'eau salée, enclavées accidentellement parmi les dépôts des corps solides qu'elle a amassés sur ce point, selon le caprice de la vague et des accidents de la localité.

Voilà l'origine de la formation du terrain d'alluvion maritime et des étangs salants.

La mer, en se retirant et en formant par couches inclinées le terrain créé par l'action incessante de la vague, a dû nécessairement aussi laisser partout la trace de son passage et ménager des issues à l'élément liquide. Voilà l'origine des *passes* qui font communiquer à la surface les dépôts d'eaux salées conservés dans l'intérieur du pays, avec la pleine mer; c'est aussi la cause de l'existence certaine des conduits souterrains qui doivent remplir sous le sol l'office que les passes remplissent à la surface.

A mesure que le terrain d'alluvion se forme en avant l'un de l'autre, à mesure que les communications souterraines et autres se bouchent et s'obstruent, pendant que les amas d'eau salée disparaissent de la surface de ce sol (1), il reste néanmoins dans ce sol spongieux, formé par l'action du liquide et qui continue à être en contact avec lui, une propriété absorbante de l'humidité du côté de la pleine mer, et qui se maintient par la proximité des étangs salants. Ainsi, les environs d'Arles sont éloignés de plus de 40 kilomètres de la pleine mer, les étangs salants ont même disparu à peu près dans la proximité de cette cité antique,

---

(1) Ainsi, Arles était port de mer sous les Romains et au moyen-âge; cette ville était entourée d'étangs salants qui ont disparu.

et pourtant les émanations salines et minérales de l'eau de mer remontent continuellement à la surface du sol, attirées qu'elles sont par l'action du soleil et de l'air. Cela a lieu même sur la plaine de la Crau. Celle-ci a perdu depuis longtemps déjà le caractère superficiel d'un terrain maritime. On la prendrait à tort pour un sol primitif; car les nombreuses sources d'eaux vives qui, en descendant des pentes des Alpes et n'ayant pas d'issue dans la mer, ont dû apporter sur cette plaine, sur laquelle elles se déversent, des couches de terre végétale et cette innombrable quantité de cailloux qui la couvrent, et semblent tombés du ciel, ôtent à la surface de cette plaine l'aspect d'un terrain d'alluvion.

Sur toute cette surface énorme du Delta du Rhône, dont les limites sont tracées à l'œil nu de l'investigateur par la nature montueuse des collines qui le dominent et qui évidemment ont formé autrefois les bords primitifs de la Méditerranée; sur toute cette surface indistinctement, disons-nous, l'infiltration souterraine de l'eau de mer est un caractère spécial et naturel à ce sol. Voilà ce que la théorie affirme; la pratique ne fait que confirmer cette donnée générale qui résulte de l'étude de la formation de ce terrain exceptionnel.

Tous les essais agricoles faits dans toutes les parties de ce terrain n'ont abouti qu'à des revers; demandons ce qui a eu lieu dans les défrichements célèbres de la Camargue, au château d'Avignon et sur tant de points de la Crau? Toujours et invariablement, le premier coup de pioche, les premières gouttes d'eau douce dépensées sur chacun de ces points, ont produit les plus heureux résultats; mais, après! sitôt qu'on croyait pouvoir suspendre un seul moment les travaux de dessalement, sitôt qu'on croyait la surface du terrain suffisamment dessalée pour toujours, voilà qu'une nouvelle couche de sel marin remontait à la surface, anéantissant le travail fait et obligeant de recommencer indéfiniment. Nous ne parlons pas ici des autres accidents qui ont amené la ruine des entreprises agricoles de la Camargue, principalement des débordements du Rhône dont il sera question plus bas. Partout, dans la Camargue, dans la Crau et ailleurs, les essais de culture des plantes utiles ont été toujours remplacés par les herbes communes, propres à ce sol, saturé d'émanations salines qui remontent d'en bas à la surface.

Ceci une fois bien constaté, que tous les essais d'irrigation partielle, de dessalement partiel, doivent nécessairement céder à la nature spongieuse de ce sol qui aspire l'humidité saline horizontalement, humidité fournie plus ou moins facilement par des dépôts d'eau salée conservés dans l'intérieur des terres (1) et alimentés par la pleine mer, il est évident que, pour anéantir les inconvénients de cet état de choses, il faut s'attaquer aux causes qui les produisent. Ce sont les étangs salants qui fournissent les infiltrations et l'humidité saline; il faut donc s'attaquer aux étangs salants.

Voilà la base générale de notre système. Enlever les eaux salées des étangs! Les épuiser plus ou moins complétement.

Les résultats de cette gigantesque opération ne peuvent pas être douteux, rien qu'envisagés au point de vue de la nature propre des terrains d'alluvion maritime qui environnent les étangs et que nous avons signalés.

Mais d'autres considérations encore, qui tiennent à l'exécution de l'épuisement des étangs salants ou qui en résultent, viennent compléter cette œuvre de la mise en culture, attaquée de cette manière hardie et générale.

En effet, les difficultés financières de cette opération ne sont-elles pas écartées par la valeur des terrains couverts maintenant d'eau salée et qui peuvent être mis entre les mains des agriculteurs?

D'un autre côté, comme il ne suffit pas d'éloigner les infiltrations salines, mais qu'il faut encore dessaler ce terrain une fois pour toujours, et que pour cela il faut de l'eau douce, et beaucoup d'eau douce, qui ne se trouve pas sur ce plat pays sans pente, qui absorbe comme une éponge les eaux des montagnes qui l'environnent; l'exécution pratique de l'épuisement des étangs met à la portée de ce besoin, comme nous verrons, les masses considérables d'eau douce que nous avons le moyen d'employer pour les irrigations nécessaires.

Ainsi, l'idée-mère d'enlever la cause première et générale du mal sur les terrains dont il est question porte avec elle les deux

---

(1) Ce sont les nappes tranquilles des étangs salants qui fournissent les infiltrations et non pas la pleine mer, car celle-ci, au contraire, par l'action continue des vagues, obstrue les conduits souterrains et opère le calmatage et l'affermissement de ce sol.

autres conditions de la mise en valeur de cette superficie immense du pays : l'argent et l'eau.

Deux conditions principales se présentent d'abord pour arriver à l'épuisement des étangs salants :

1° Couper toute communication entre les étangs et la pleine mer ;

2° Intercepter tous les affluents d'eau vive, soit qu'ils se jettent dans les étangs salants, soit qu'ils traversent ou se perdent dans les terrains d'alluvion.

Sans ces deux opérations préliminaires, il n'y a pas de possibilité d'aborder l'épuisement des étangs, qui seraient sans cela de véritables tonneaux de Danaïdes.

Pour résoudre la première de ces deux conditions, il faut fermer toutes passes qui font communiquer visiblement à ciel ouvert les étangs avec la pleine mer, et faire disparaître toutes les communications souterraines qui peuvent exister sous le sol entre les deux nappes d'eau salée.

Pour répondre à la seconde de ces nécessités, savoir l'interception de tous les affluents d'eau vive, il n'y a qu'un seul moyen, grandiose, héroïque et également utile sous le point de vue commercial et agricole ; c'est l'établissement d'un canal circulaire qui intercepterait tous les affluents ensemble et réunirait leurs eaux dans un seul lit, pour les porter ensemble sur des points utiles de la côte.

Il nous fallait, disions-nous, de l'eau, beaucoup d'eau douce afin de dessaler une fois pour toujours notre terrain et le préserver à l'avenir des infiltrations salines. Eh bien ! notre immense canal circulaire, qui réunirait alors aux eaux du Rhône plus de cent rivières et ruisseaux, et qui traverserait le terrain d'alluvion dans toute sa longueur, servirait nécessairement de dépôt d'eau douce qu'un système général d'irrigation irait porter sur tous les points de ce vaste espace.

C'est tout un monde d'idées, c'est une suite de travaux herculéens qu'il faut aborder dans l'exécution de ce système ainsi tracé.

Nous tâcherons donc d'étudier séparément et sommairement chacune des quatre opérations principales qu'embrasse notre système.

1° Les travaux des bords de la mer; fermeture des passes; les digues; la consolidation des bords;

2° Le canal circulaire avec son déversoir;

3° L'épuisement des étangs;

4° La mise en culture.

Avant d'aborder les questions spéciales de chacune de ces quatre opérations, qu'il nous soit permis de répondre encore une fois à ce démon d'esprit français, si charmant dans les salons et dans le boudoir, si détestable en affaires, que nous avons signalé déjà, et qui m'a parlé, à mon grand regret, par la bouche d'un des ingénieurs les plus distingués, et que j'ai trouvé depuis, dans celle de bien des gens que j'ai employés ou sondés pour cette affaire, et cela à propos de l'ensemble gigantesque de cette dernière partie de notre entreprise. « Pourquoi, disait le démon » familier des hommes soi-disant pratiques et des hommes d'es- » prit, pourquoi embrasser la totalité de ce vaste espace? Pour- » quoi ne pas se borner à l'une ou l'autre des deux rives du » Rhône, par exemple? Il faut laisser quelque chose à faire à » nos enfants. Vous avez raison, monsieur, me disait-on, d'atta- » quer le bœuf par les cornes; mais pourquoi en attaquer deux, » trois, quatre à la fois? Voulez-vous surpasser les Hollandais » dans leurs travaux du lac d'Harlem? Prenez-vous corps à corps » avec l'étang de la Berre, quoique ce soit encore trop gigan- » tesque, trop fou; mais pourquoi vous embarquer en même » temps de l'autre côté du Rhône? Pourquoi vous attaquer à » l'étang de Valcarès, et plus loin même, à celui de Manguio, etc., » jusqu'à Agde. Mais c'est de la folie. »

Non, ce n'est pas de la folie, c'est une nécessité qui résulte justement de la nature du sol dont nous avons parlé. J'avoue qu'il y aurait certain avantage pour le moral de ce pays et des gens de finance, de scinder ces travaux de la mise en culture, de se borner à l'une ou l'autre des rives du Rhône; mais ce serait possible seulement si le Rhône servait de limite réelle à chacune de ces deux parties apparentes du sol, s'il partageait réellement le terrain d'alluvion en deux parties distinctes. Mais cela n'est pas, cela n'existe pas: le Rhône partage le sol à la surface seulement en deux parties apparentes qui frappent les yeux du vulgaire; mais la nature de ce sol les tient liées ensemble et elles ne forment qu'un tout homogène. Le Rhône coule par-dessus le sol d'alluvion, mais sa nature spongieuse et les communications souterraines des eaux de la mer existent sous le courant et sous le lit du Rhône. L'étang de Berre une fois épuisé, les eaux de Valcarès n'en fourniraient pas moins aux terrains de la Camargue l'humidité imprégnée d'émanations minérales, et qui sait, iraient par quelque voie souterraine combler le vide opéré dans l'étang de Berre par les moyens d'épuisement qu'on aurait employés. C'est possible, c'est même certain. Il faudrait alors intercepter par des travaux coûteux les infiltrations possibles entre les deux côtés du Rhône ; il vaudrait autant transporter ces travaux sur le bord de la mer et les pousser jusqu'à Agde, ce qui embrasse la totalité du terrain d'alluvion du Delta du Rhône. Les dépenses seraient les mêmes et les résultats doubles.

Oui, une fois ce système accepté, il faut l'exécuter dans sa totalité. Il faut accoutumer son esprit à embrasser la grandeur des résultats et à appliquer complétement la théorie radicale proposée.

Les demi-mesures sont détestables en politique, elles le sont encore davantage dans les travaux d'art et d'utilité générale. On dépense autant d'argent qu'il en faudrait pour une œuvre complète, et on récolte invariablement le déboire et souvent la ruine.

§ Ier.

Travaux des bords de la mer.

La première partie des travaux de la mise en culture du terrain du Delta du Rhône sera nécessairement tout ce qui aura pour objet de séparer solidement et pour toujours la pleine mer des nappes d'eau qu'elle a laissées derrière elle en se retirant. La Compagnie aura donc à exécuter trois genres possibles de travaux, selon la nature et les accidents du sol :

1° La fermeture des passes qui relient à ciel ouvert la pleine mer avec les étangs salants ;

2° Le calfatage des passages souterrains, dont la sonde accusera l'existence ;

3° La consolidation des attérissements récemment formés

par l'action des vagues, et dont la nature réclame des moyens artificiels d'affermissement.

Dans le premier de ces trois cas, nous serons obligé de créer des digues, que nous aurons encore à construire partout où le sol se trouvera plus bas que le niveau de la mer.

Dans le second cas, nous avons à choisir, selon les circonstances, entre les trois moyens possibles : les pilotis, les surcharges, enfin le calfatage, en laissant entrer les matières solides par le courant souterrain qui se produira au moment de la baisse du niveau des étangs et qui obstruera les conduits souterrains.

Enfin, dans le troisième des cas possibles des difficultés à vaincre sur ce point, nous emploierons simultanément les pilotis et les surcharges.

La connaissance des lieux et le dire des hommes les plus compétents du pays nous donnent l'assurance que nous n'aurons que 1,000 mètres de digues tout au plus à construire pour fermer une vingtaine de passes à ciel ouvert et préserver les terrains en contre-bas de la mer. Nous aurons encore de 4 à 5 kilomètres d'un terrain qui exigera l'emploi de pilotis et de surcharges. Quant aux sources et conduits souterrains, il n'en existe que cinq qui soient certains, les autres sont inoffensifs ou obstrués par le calfatage naturel de la mer, ou inconnus, et dont l'existence sera constatée seulement soit par la sonde, soit au moment de la baisse du niveau dans les étangs.

Nous sommes certain qu'en acceptant la moyenne de 400,000 francs par kilomètre, pour les 125 kilomètres du développement de cette partie du golfe de Lyon, nous donnons le maximum possible de la dépense pour les travaux du bord de la mer; en tout, 48 millions, frais d'études préliminaires compris.

§ II.

Les canaux.

Voici la partie capitale de notre opération, sa gloire et sa difficulté la plus remarquable, aussi bien sous le point de vue de l'exécution que sous le point de vue financier et théorique, et des résultats à obtenir.

Souvenons-nous d'abord du but dans lequel nous devons entreprendre ce travail herculéen. Il s'agit pour nous d'intercepter tous les affluents d'eau vive qui se jettent maintenant dans les étangs salants, ou qui se déversent sur le terre-plein d'alluvion maritime, et qui alimentent, par leur mélange avec l'eau de la mer, l'insalubrité pestilentielle des mares et des marais qu'elles forment sur cette étendue.

Pourtant, pour préciser la nature de ce canal, constatons qu'il ne s'agit pas ici d'un canal d'écoulement des eaux stagnantes. Pourquoi? demandera-t-on, lorsque l'existence des eaux stagnantes est évidemment constatée par ce qui vient d'être énoncé. Parce qu'il ne suffit pas de faire écouler ces eaux stagnantes; il faut encore éloigner les causes qui produisent ces dépôts insalubres et nuisibles à l'agriculture. Ce sont les ruisseaux d'eau vive qui, en descendant des versants des montagnes, et ne trouvant pas de nappe liquide dans laquelle ils devraient se perdre, ni de pente qui les conduise à la mer, se déversent sur ce sol uni comme la nappe d'eau dont il a surgi et s'y imprègnent, sans d'autre résistance que celle de l'eau salée fournie souterrainement à ces terrains par les étangs salants, avec lesquels ils se mélangent et se nivellent peu à peu. Pour donner de l'écoulement à ces eaux sur un terrain ainsi constitué, il faudrait trouver une pente, et comment la trouver si la prise d'eau, éloignée de 20 à 30 kilomètres du point où elle doit se déverser, est au même niveau que la nappe d'eau qui doit recevoir les eaux qu'on veut faire écouler? S'il y avait eu possibilité de faire écouler les eaux stagnantes du Delta du Rhône, dame nature n'aurait pas attendu pour cela la main des hommes; elle aurait fait elle-même cette besogne. Aussi, au lieu de faire écouler ces eaux dans la mer, qui toutes sont au niveau de la mer, il faut seulement prévenir leur déversement sur le sol, il faut les intercepter toutes et les réunir dans un réservoir commun, construit en contre-bas du niveau de la mer. Voilà la nature et la destination réelles du canal que nous avons besoin de creuser tout autour du triangle du Delta du Rhône.

Il est vrai que ce qui vient d'être dit touchant les eaux à intercepter ne concerne pas un grand nombre de courants qui trouvent d'eux-mêmes une issue, soit dans la mer, soit dans les étangs salants. Mais ces courants, interceptés eux aussi, en débouchant dans ce réservoir commun, ne serviraient-ils pas utilement pour chasser vers la mer les eaux qui alimentaient les marais et les flaques croupissantes, et qui seraient réunis maintenant dans ce canal-réservoir?

Et il faut bien laisser à notre futur canal de ceinture ce caractère que nous venons de préciser par le nom de *canal-réservoir*, et qui répond au but de sa construction mieux que celui de canal maritime; nom qu'on pourrait lui donner, par la raison qu'aboutissant des deux côtés à la pleine mer, les prises d'eau qu'il recevrait dans son parcours, étant au niveau de la mer, et par conséquent devant être construit au niveau de la mer dans toute sa longueur, il pourrait porter le nom de canal maritime, car il en a tout le caractère.

Mais, en réalité, son but est de servir de lit aux eaux vives, au point où elles se déversent et où elles s'imbibent sur les basses terres, sans qu'il soit possible de les faire écouler au moyen d'une pente. Ce n'est donc pas un canal d'écoulement, ce n'est qu'un genre de réservoir pour les eaux dont nous venons de parler, aussi bien que pour les eaux des rivières qui trouvent leurs issues dans les étangs salants, et qu'il est indispensable d'intercepter; car comment pourrait-on épuiser ces étangs, si les cours d'eaux vives continuaient à les alimenter? La force de ces courants peut nous servir du reste utilement, comme nous l'avons dit, pour chasser les eaux inertes vers la pleine mer, avec lesquels les eaux de ce canal doivent d'être réunies sous le même niveau.

Toutefois le Rhône, par sa nature, fait exception parmi les cours d'eau de cette surface à assainir et à remettre entre les mains de l'agriculteur. Il ne se perd pas dans les basses terres, il n'alimente pas non plus les étangs salants, et, malgré le peu de pente que son cours possède depuis Tarascon jusqu'à son embouchure, il se fraie péniblement, il est vrai, mais il se fraie une voie jusque dans la mer.

Il faut donc décider si le volume de l'eau charriée par le Rhône doit subir ou non le sort que nous préparons à tous les autres affluents d'eau vive, et nous avons à ce sujet trois dilemmes à résoudre et à définir.

1° Serait-il suffisant que notre canal de ceinture, à son point culminant au-dessus ou au-dessous d'Arles, débutât seulement des deux côtés du Rhône en s'inclinant des deux côtés vers la mer?

2° Ou bien faut-il qu'au point de sa bifurcation avec le Rhône notre canal ait seulement une prise d'eau partielle dans ce fleuve?

3° Enfin, faut-il que notre canal de ceinture projeté intercepte complètement les eaux du Rhône comme celles de tous les autres affluents subalternes dont il a été question?

Quant au premier, il est évident qu'en nous référant à ce qui a été dit de la destination du canal projeté, attendu qu'il ne s'agit pour nous principalement que de réunir dans un réservoir commun les eaux qui descendent des escarpements des Alpines et s'imbibent dans le sol des basses terres, il est évident, disons-nous, que deux canaux qui déboucheraient à cet effet des deux côtés du Rhône en s'inclinant vers la mer, et qui intercepteraient tous les autres cours d'eau existants, suffiraient pour le but que nous avons indiqué. Il y a plus : dans une grande partie du parcours de ce canal, il est très-possible que nous soyons à même de pouvoir en faire le tracé sur le versant des collines environnantes et procurer à ses eaux une pente qui, plus loin, faciliterait leur écoulement dans la mer. Nous n'en disconvenons pas. Mais alors nous perdons de vue l'objet même de notre entreprise, pour nous renfermer dans les limites posées par la nature indiquée du canal. En effet, il ne s'agit pas seulement de faire écouler les eaux stagnantes du Delta du Rhône, nous voulons rendre à l'agriculture toute la surface de ce terrain. Eh bien! à côté des infiltrations souterraines des étangs salants que nous faisons disparaître par l'épuisement de ces étangs; à côté des eaux croupies que nous voulons réunir et chasser vers la mer, nous avons encore un autre mal à conjurer, ce sont les débordements du Rhône. Il est vrai que, dans la situation déplorable de cette contrée, les débordements du Rhône sont encore une ressource pour la misérable agriculture qu'on peut y pratiquer. Les débordements du Rhône sont pour une partie de ces terrains ce que les débordements du Nil sont pour les terres d'Egypte. Mais cette ressource non-seulement est momentanée et insuffisante pour ceux-mêmes qui en profitent (et leur nombre n'est guère considérable), mais elle porte encore avec elle deux maux les plus terribles : l'insalubrité et les dévastations, qui enlèvent et anéantissent tous les travaux d'une agriculture sérieuse et prévoyante. Les irrigations sont indispensables, il est vrai, pour tout ce sol d'alluvion maritime; mais il faut que cette irrigation soit intelligente, de tous les jours et non pas sujette aux hasards et aux désordres des débordements furieux d'un fleuve immense et capricieux, qui change de lit à tout moment, qui coule presque à la surface des terres environnantes et dont certaines parties sur ce parcours sont plus basses que le niveau de la rivière.

Pour maîtriser le Rhône dans la direction de son cours existant, il faut donc recourir à des travaux plus gigantesques encore que ceux qu'exigent les travaux de son détournement. Il faudrait agir avec le Rhône comme on a fait avec la Vistule, il faudrait l'endiguer dans tout son parcours de 60 kilomètres approximativement sur les terres d'alluvion maritime.

100 à 120 kilomètres de digues, de 8 mètres d'élévation et de 20 à 25 d'épaisseur; c'est dix fois les travaux de l'enceinte fortifiée de Paris, qui coûtent plus de 250 millions, et qu'il faudrait entreprendre pour porter un remède radical aux débordements du Rhône, afin de donner la sécurité nécessaire aux terres mises en culture du Delta, lesquelles, une fois dessalées par l'épuisement des étangs, n'auraient plus besoin des bienfaits des débordements et dont les habitants seraient menacés de voir leurs récoltes, leurs moissons, leurs travaux emportés et anéantis à tout instant (1).

Le rapprochement que nous venons de faire entre le Rhône et la Vistule a plus d'analogie qu'on ne le suppose, même dans la configuration et la nature du sol que parcourent ces deux rivières.

La Vistule à son embouchure crée, de même que le Rhône, un Delta immense, dont la richesse agricole surpasse tout ce qui est connu dans ce genre, et ce terrain n'a pu être préservé

---

(1) D'après les raisonnements et les études d'un des ingénieurs qui s'est occupé avec le plus de succès et d'originalité des embouchures du Rhône, selon M. Surel, il ne suffirait pas d'endiguer le Rhône dans son parcours sur la terre! il lui faudrait des digues jusques dans la mer, au-delà de la barre, *fuyant la barre*, comme il le dit, ou plutôt la *poursuivant, ad æternum*, par des travaux de chaque année et de chaque siècle au fond de la Méditerranée.

d'inondations que par l'endiguement de la rivière, depuis Thorn à peu près. Travaux gigantesques et qui méritent d'être plus connus qu'ils ne le sont généralement.

En vain croirait-on que la réunion du Petit-Rhône au cours principal, en augmentant le volume normal de ce fleuve, aidera à creuser le sol sur lequel il serpente paresseusement et à déboucher la barre de son embouchure. En vain suppose-t-on, d'un autre côté, qu'il suffira d'ouvrir un débouché nouveau au fleuve dans les eaux plus tranquilles de l'anse du Foz pour que les vagues de la pleine mer n'empêchent pas l'écoulement des eaux du Rhône.

Ni l'augmentation du volume d'eau charriée par le Rhône, ni le changement d'embouchure, ne remédieraient aux fléaux du débordement. Pour l'écoulement des grandes masses d'eau amoncelées violemment et à l'improviste, il faut absolument les deux conditions suivantes, qui sont essentielles; il faut une pente suffisante et un encaissement proportionné à la force et au volume des masses charriées. Eh bien! comment peut-on obtenir une pente nécessaire lorsque le Rhône, au-dessus d'Arles à 50 kilomètres en amont, n'a pas un mètre 80 centimètres au-dessus du niveau de la mer, tandis que sa section est de 15 mètres de profondeur. Comment et sur quoi obtiendrait-on alors une pente, non pas d'un demi-millimètre, mais d'un dixième de millimètre par mètre? Où est la profondeur de la mer pour faire déboucher une pente pareille en pleine section?

Quant aux moyens d'encaissement des eaux, il n'en existe pas, il n'en peut pas exister dans la configuration du sol que le Rhône traverse à fleur de terre, à plat, en diminuant de profondeur vers la mer, profondeur qui est de 16 mètres aux embouchures, lorsqu'il y a 15 mètres sous Arles, section sous le pont des bateaux.

On exécute présentement le détournement du Petit-Rhône pour augmenter le volume du cours normal du bras principal, dans l'espoir que ce volume d'eau augmenté sera forcé de se creuser naturellement un lit plus direct, plus profond dans le parcours de la rivière et aux embouchures; mais si cela doit avoir lieu, chaque fois que le Rhône grossit, il devrait faire place nette de tout ce qui s'oppose à sa marche. Voilà le cas ou jamais pour le Rhône de briser les barrières de sable de la barre, de creuser le sol sous lui comme un fier coursier. Les hautes eaux se renouvellent deux ou trois fois par an. Par conséquent, deux ou trois fois par an le cours du Rhône devrait être complétement dégagé, et ce n'est que cet effort des eaux une fois passé, que la pleine mer devrait de nouveau obstruer le passage.

S'il en était ainsi, je comprends qu'on puisse baser ses espérances sur l'augmentation du volume du cours normal de ce fleuve; mais il n'en est rien. Le fleuve déborde à la première goutte de l'augmentation de son cours normal, et il entre à plat dans la mer sans enlever aucun des obstacles cités, et, au contraire, en amoncelant sur sa route des masses de vase, qui lui font faire des déviations nouvelles dans sa course. Voilà tout.

Il y en a, et de plus intelligents, qui croient que la cause principale de tous ces désordres du cours du Rhône résulte des vagues de la pleine mer qui frappent de front le volume d'eau charrié par le fleuve, comme cela a lieu avec la Néwa dans la Baltique, et où la ville de Saint-Pétersbourg est à la merci d'un vent nord-ouest lorsque celui-ci coïncide avec les marées hautes. Il n'y a là qu'un petit malheur pour les prôneurs de ce système, c'est que les débordements du Rhône ne coïncident pas avec les vents du sud qui portent les vagues de la Méditerranée en plein sur les embouchures du Rhône, et quant aux marées elles sont nulles dans la Méditerranée; mais ces désordres du fleuve proviennent tout simplement des accumulations des eaux pluviales et de dégel de l'intérieur de la France. Un courrier monté sur un bon cheval pourrait porter peut-être en avant la nouvelle des eaux du Rhône qui grossissent en arrière, et acquièrent un surcroît de vitesse lorsque en amont la vitesse est nulle et que la résistance de la mer augmente avec le volume du fleuve. Aussi le changement de l'embouchure du Rhône serait utile, seulement dans le cas où il procurerait une pente suffisante et des bords plus élevés. Cela veut dire une profondeur dans la mer de 25 mètres au *minimum*, et des bords de 6 mètres au moins au-dessus du niveau de la mer. En conduisant le Rhône dans la direction de Foz ou par derrière de Valcarès, obtiendrait-on cette pente et cette surélévation du sol? Non, jamais.

A quoi donc bon le changement de l'embouchure du Rhône? A rien, à rien d'utile et de sérieux, sinon à dépenser beaucoup d'esprit pour défendre ce projet, et beaucoup d'argent pour l'exécuter.

Combien coûte déjà le barrage du Petit-Rhône? Les Ponts-et-Chaussées pourraient nous le dire; nous verrons bientôt ce qu'il produira. Le Rhône n'en sera pas plus navigable pour cela au-dessous d'Arles et les débordements seront toujours les mêmes et probablement ils seront plus violents.

Si on veut mettre les terrains d'alluvion en culture, il faut non-seulement couper les affluents d'eau vive qui se déversent soit dans les étangs salants, soit dans les marais, mais encore il faut maîtriser le cours du Rhône. C'est le *sine quâ non* de l'entreprise.

Nous avons dit plus haut que la seconde supposition d'un système possible pour notre canal de ceinture, par rapport au Rhône, serait une simple et partielle prise d'eau dans ce fleuve.

Mais une prise d'eau dans le Rhône non-seulement irait à l'encontre de ceux qui veulent augmenter aujourd'hui le volume normal du Rhône, et qui se promettent monts et merveilles de cette mesure; mais obvie-t-elle encore aux inconvénients des débordements des crues de ce fleuve? Et pourtant, c'est là la question capitale de notre entreprise. Comment hasarder des capitaux dans des établissements agricoles coûteux et immenses, lorsqu'on est exposé, deux ou trois fois par an, à les voir emportés et anéantis par les débordements auxquels on n'aurait pas porté de remèdes sûrs et radicaux.

Les prôneurs d'une simple prise dans les eaux du Rhône, pour notre canal de ceinture, ont été amenés à soutenir cette thèse près du gouvernement et de l'Empereur, d'abord par un charmant esprit de convoitise de notre affaire, qu'ils veulent nous arracher (pour parler poliment) en faisant semblant d'y changer quelque chose: ensuite par la préoccupation des besoins agricoles de cette contrée, d'un système d'irrigation à établir et qu'ils placent en première ligne; enfin, par cet amour et ce travers de certains hommes d'esprit, qui veulent grandir, en rapetissant les choses autour d'eux, et qui, placés cette fois en face de l'idée grandiose du détournement et de la bifurcation du Rhône (1) qui les écrase, haussent majestueusement les épaules

(1) En réalité, c'est une bifurcation et non une trifurcation comme on l'a dit à

en disant : « Pourquoi cette folie-là? il vous faut de l'eau pour » vos irrigations, prenez-les dans le Rhône, c'est bon ; mais n'en » prenez pas plus qu'il ne vous en faut pour cela. Vous voulez une » communication par eau entre Marseille et le Rhône, ayez-la » dans des dimensions raisonnables, prenez pour modèles nos » canaux du Midi et de Châlons ; mais pas de folie, Monsieur, » pas de détournement du Rhône. » Mais à quoi bon les travaux d'irrigation, si ces travaux eux-mêmes peuvent être détruits et rendus inutiles par les débordements du fleuve? Comment voulez-vous et pouvez-vous maîtriser ces eaux qu'il vous faut dompter absolument pour vaquer avec sécurité à nos travaux agricoles? Voulez-vous endiguer le Rhône? Faites-le, mais cette dépense employée dans notre système présentera de bien autres garanties de sécurité contre les débordements, sans compter tous les avantages agricoles pour l'irrigation et les facilités de communication commerciale qu'offre notre système d'une manière large et complète.

Mais c'est si grand, si beau, si coûteux, que votre détournement et votre bifurcation! me dit-on de toutes parts. Mais cela ne coûtera pas davantage que l'endiguement du Rhône, auquel il faudra recourir plus tôt ou plus tard. Voulez-vous vous plaindre, Messieurs, que la fille qu'on vous donne est trop belle. Allez, elle ne coûte pas plus cher qu'une autre, prenez-la. Mais au nom de Dieu et des intérêts les plus chers de votre pays, ne faites rien ; s'il le faut, attendez encore, mais laissez à vos enfants au moins le moyen de faire une œuvre pour l'accomplissement de laquelle vous manquez de cœur et de feu sacré dans l'âme ; mais n'engagez pas l'avenir, ne prêtez pas l'oreille à des cuistres, dont l'âme basse vous rapetisse en rapetissant tout ce qui sort du travail de l'esprit national.

Il nous reste à toucher du doigt le sytème du détournement du volume total du cours de ce fleuve, avec toutes les exigences qu'ordonne l'exécution de cette idée, et qui dérivent, soit de la nature du sol sur lequel nous devons opérer, soit de la nature des eaux que nous voulons maîtriser. En acceptant d'avance et

---

tort que nous proposons ; car s'il y avait une troisième branche du Rhône au-dessus d'Arles, ce ne serait pas un lit pour une partie des eaux normales de ce fleuve, ce ne serait qu'un déversoir du trop-plein accidentel des eaux.

en provoquant toutes les difficultés possibles de cette œuvre, non-seulement au point de vue théorique, mais encore au point de vue financier et d'exécution pratique, nous nous présentons avec confiance au jugement du bon sens public et des hommes de science.

En repoussant les deux dilemmes que nous venons de discuter, nous avons posé en même temps le but principal des travaux touchant le Rhône, et ce but est de maîtriser radicalement ce cours d'eau. Nous avons pris aussi pour bases théoriques des moyens possibles d'arriver à ce résultat : 1° L'encaissement de cette rivière; 2° une pente satisfaisante à l'écoulement des masses de crues accidentelles.

Nous connaissons la nature et la topographie du Delta du Rhône; nous savons qu'il n'est possible d'encaisser le cours du Rhône dans son lit présent qu'au moyen de digues monstrueuses, et nous savons qu'il est impossible d'obtenir une pente sur un sol uni comme la glace de la mer et formé au niveau de la mer, et cela d'autant moins que la barre du sable mouvant de la pleine mer à l'embouchure de la rivière rend inutile toute tentative de créer une pente artificielle en contre-bas de la pleine mer.

Que nous reste-t-il, par conséquent, à faire pour remédier au mal selon les deux termes précis de la théorie absolue que nous avons posée?

Il nous reste à faire deux choses qui répondent à ces deux conditions théoriques.

Pour encaisser le Rhône dans des parois d'une solidité et d'une hauteur nécessaires, *il faut conduire son cours à travers une contrée qui lui offre naturellement des escarpements suffisants des bords.*

Voilà la raison du détournement du Rhône décidée et posée théoriquement.

Pour donner une pente suffisante à l'écoulement rapide et nécessaire pour la foudroyante violence des crues, comme il est prouvé que cette pente ne peut pas exister dans la nature propre du terrain du Delta; qu'il est prouvé que cette pente ne peut être obtenue en contre-bas de la pleine mer, que nous reste-t-il à faire? Un moyen héroïque, inusité et original, c'est celui *de la sur élévation du débit pour le volume d'eau qu'on veut faire élever.*

Voilà la raison déterminante *du canal-déversoir*, qui nous permettra de surélever, comme nous le verrons, le sol du débit des crues de 15 mètres, et de donner, depuis Arles jusqu'à l'embouchure probable des crues, 30 mètres de pente peut-être sur 30 kilomètres de distance.

Nous voyons donc qu'à la nécessité de creuser un canal de ceinture autour des deux bras de triangle du Delta pour intercepter les affluents qui se déversent dans les étangs se joint encore la nécessité prouvée et évidente de creuser un nouveau lit pour les eaux du Rhône.

Voilà le cas ou jamais de faire d'une pierre deux coups. Que notre canal de ceinture serve donc de lit nouveau et nécessaire au Rhône comme nous l'avons vu.

C'est énorme, c'est gigantesque, c'est herculéen; épuisons tous les adjectifs possibles que l'esprit de Mme de Sévigné aurait pu nous inspirer, fâchons-nous avec tous les hommes pratiques, rions et haussons les épaules avec tous les hommes à prétention d'esprit, mais il n'y a que ce moyen-là, tout fou qu'il est. La possibilité de son exécution est matérielle, évidente, l'argent est là pour cela; on aura beau honnir, rire, discuter et se fâcher, plus tôt ou plus tard on en viendra à exécuter cette folle entreprise. Ah ! si on pouvait la diminuer, la rogner, la raccourcir, la rapetisser, quel poids énorme ôterait-on à bien des gens! quels soupirs de satisfaction échapperaient à tant de personnes! Malheureusement, est-il dans le pouvoir de l'ingénieur de rapprocher les distances d'une ligne droite? de diminuer le volume naturel d'une rivière créée par le bon Dieu ainsi que la nature de ses eaux? L'ingénieur est obligé, au contraire, de prendre tout cela pour base de l'application de son système. Il n'y aura donc rien, hélas! ou très-peu de chose à rabattre sur la grandeur de notre projet.

Nous connaissons le tracé indispensable de ce canal; il doit, en débutant au-dessus ou au-dessous d'Arles, serpenter aux pieds du haut pays qui domine les terrains d'alluvion et joindre la mer par ses deux bouts. Le niveau de ce canal, au point culminant de sa bifurcation avec le Rhône, doit donc être celui du Rhône même qui, sur ce point, est tout au plus de 2 mètres au-dessus du niveau de la mer; le niveau du point d'arrivée de ce canal à la mer étant celui de la mer, on voit que nous n'avons qu'une pente de 2 mètres pour un parcours de plus de 70 kilomètres d'Arles à Bouc, et d'Arles à Agde. Certes, dans toute autre circonstance, il y aurait de quoi désespérer de la possibilité de faire écouler les eaux du Rhône, et on ferait courir les plus grands dangers au pays en amont. Mais, dans notre position exceptionnelle, non-seulement nous ne nous plaindrons pas de cet état de choses, mais nous y trouvons un moyen si évident de conjurer un danger sérieux, dont il n'a pas encore été question ici, que nous sommes d'avis de faire disparaître même ce genre de pente de 2 mètres vers la mer, et de laisser subsister, au contraire, la pente naturelle inverse indiquée par la profondeur naturelle du Rhône au point de sa bifurcation, qui est de 15 mètres : cela veut dire 13 mètres au-dessous du niveau de la mer, et la profondeur nécessaire du nouveau débouché dans la mer que nous devons lui ouvrir, profondeur de 8 mètres, que nous trouvons suffisante pour la navigation et que nous prendrons seule ici en considération.

Quelque absurde que puisse paraître, en effet, l'idée d'établir une pente inverse dans un canal qui semble être créé pour servir de lit à un fleuve considérable, une raison extrêmement sérieuse nous oblige de maintenir cette donnée originale, ce que nous permet, du reste, une autre considération décisive.

C'est la nature bourbeuse des eaux du Rhône saturées de vase que ces eaux charrient depuis des siècles dans la mer, et qui ont servi de premier élément à la création du Delta, qui nous ordonne de renverser le mode ordinaire de la construction des canaux.

Et c'est l'existence du déversoir, dont il a été parlé plus haut, destiné à enlever toute élévation de l'eau dans ce canal, grossi en amont par l'affluent du Rhône, qui nous permet cette hardiesse de conception.

En effet, sur quelque point que nous voulions conduire les eaux du Rhône, toujours est-il que ce fleuve continuera, comme par le passé, à charrier la vase, le sable et les cailloux. Ce qui est inoffensif pour les points sur lesquels débouche aujourd'hui le Rhône dans la mer, deviendrait un danger immense pour des points utiles et précieux, comme la rade de Marseille, par exemple, ou pour le port de Bouc, points sur lesquels les intérêts commerciaux et maritimes nous ordonnent de conduire la direction nouvelle de ce fleuve.

Si une pente plus ou moins rapide du lit de notre canal conduisait les eaux du Rhône sur les points cités, il n'y a pas de doute que la rade de Marseille et le port de Bouc ne fussent obstrués bien vite par des masses de parcelles solides charriées par le Rhône, et devînssent ainsi inabordables aux navires. Quels sont les avantages qui pourraient compenser la perte de points si utiles pour la marine et pour le commerce français? Aussi, si notre projet de canalisation du Rhône devait exposer la rade de Marseille et le port de Bouc à de pareils malheurs, nous n'aurions jamais eu le triste courage d'étaler devant les yeux de la France un projet aussi pernicieux ; ce ne serait pas même une folie de notre part, ce serait un véritable crime.

L'existence d'une pente vers la mer dans le lit de notre canal, et qui eut conduit les eaux du Rhône jusque sur les côtes, dans l'état naturel de leur composition spécifique, eut certes amené les dangers d'ensablement sur tout point où on les aurait conduites.

Mais le manque de pente vers la mer, l'inertie normale des eaux de notre canal maritime, de notre *canal-réservoir*, lequel, au lieu de faire rouler sur la pente de son lit les eaux qu'il contient, recevrait seulement d'une manière passive les eaux vives du Rhône et des autres affluents amenées par les pentes naturelles de leurs lits respectifs ; tout cela fera, au contraire, que les eaux du canal se nivelleront continuellement avec les eaux de la pleine mer, par un tassement horizontal des parcelles liquides, et, dans ce nivellement de haut en bas du liquide, tous les corps solides seront obligés de suivre ce mouvement et de se déposer sur le fond du canal en formant des attérissements et des couches superposées. Les 70 kilomètres d'un pareil parcours horizontal, sous l'influence de l'inertie des masses en aval et de la résistance de la pente inverse, feront de ce canal un véritable et immense filtre pour les eaux du Rhône.

Les eaux de ce fleuve tomberont dans le canal saturées de parcelles solides en emmenant avec elles la terre végétale, le gravier et les cailloux (1) ; mais peu à peu, d'abord les cailloux,

(1) Nous parlons ici du *gravier* et des *cailloux* comme d'une supposition théo-

ensuite le gravier, et enfin! suivant leur pesanteur, les autres corps et parcelles solides seront déposés sur le fond du canal, et l'eau allégée et clarifiée ira lentement se confondre, pure et claire, avec la pleine mer.

Pour que cette qualité nouvelle de notre canal soit vraie, immanquable et possible, il faut trois choses :

1° Il faut que les dimensions de la section du canal, par rapport au volume des affluents, présentent une force suffisante d'inertie de son contenu, pour amortir le mouvement de déplacement qui résultera de la chute dans le canal de l'eau fournie par les affluents ;

2° Un déversoir qui empêche la pression trop violente des affluents grossis accidentellement, déversoir qui enlèverait toute élévation du niveau dans le canal, par conséquent la possibilité d'un courant trop vif dans le déplacement horizontal des parcelles liquides vers la mer ;

3° Enfin, il faut la permanence du dragage pour enlever continuellement les dépôts de vase amoncelés le long du canal, pour faire place aux dépôts qui doivent les suivre.

Quant au premier, quant à la section du canal et à sa grandeur exigée par le besoin d'inertie normale du contenu dont nous venons de parler (inertie capable d'amortir l'effet des chutes d'eau vive), ses dimensions nous seront tracées par les chiffres connues du volume du débit des affluents, et du Rhône principalement.

Ainsi, si nous admettons ce qui vient d'être dit sur le besoin d'inertie latente, il est évident que la capacité du canal de ceinture doit être double au moins du débit normal fourni par les affluents qui se jettent dans chacune des deux branches de notre canal de ceinture.

Par conséquent, si nous admettons le partage égal du débit entier du Rhône entre les deux bras du canal ; si nous admettons le débit du Rhône sous Arles être de 2,603 mètres cubes

---

rique; en réalité, le galet et le gravier que le Rhône charrie avec tant d'abondance dans son cours supérieur s'arrêtent à Saujan, à 7 kilomètres au-dessus d'Arles. De ce point, le limon est de la boue de sable fin.

avec une vitesse moyenne de 1 m. 26, chiffres établis suivant les expériences officielles ; si nous supposons la somme du débit des autres affluents égaler de chaque côté du Rhône au quart du débit de ce fleuve, admettons 700 mètres cubes ; si nous admettons que la vitesse du nivellement horizontal du liquide dans ce canal doit égaler la vitesse du Rhône aux embouchures 0,80 ; si nous acceptons 11 mètres pour la profondeur moyenne, celle de l'entrée dans la mer devant être, comme nous l'avons dit, de 8 mètres, celle du Rhône étant aujourd'hui de 15 : profondeur moyenne de 11 mètres, nécessaire, du reste, à la navigation des bâtiments de haut bord, dans les conditions connues de l'envasement continuel de notre canal, envasement qui peut élever souvent le plafond du canal de 3 ou 4 mètres ; en admettant toutes ces données, nous serons obligé aussi d'admettre 80 *mètres au moins pour la largeur moyenne de notre canal de ceinture*. C'est immense !! il est vrai, mais c'est utile et indispensable. S'il fallait diminuer ces dimensions, autant vaudrait abandonner l'entreprise et ne pas exposer les intérêts les plus respectables du pays à des déboires et des calamités sans nombre. Voilà pour les dimensions de notre canal.

Quant à ce qui est du *canal-déversoir*, comme on a pu le remarquer dans la demande en concession, nous y avons posé la dimension officielle de cette prise immense d'eau dans notre canal de ceinture ; nous avons fixé à 1 kilomètre la largeur du déversoir à ciel ouvert, au niveau du cours normal du Rhône (1). Ainsi, s'il est vrai, comme les expériences officielles l'ont constaté, que le débit des plus hautes crues sous Arles soit de 8,400 mètres cubes par seconde ; avec une vitesse double de celle que nous avons citée plus haut pour la vitesse moyenne du cours normal, nous voyons qu'à l'aide de l'immense coupure que nous aurons ouverte ainsi dans la berge de notre canal aux crues les plus violentes du Rhône, celles-ci ne pourront élever le niveau que de 1 mètre 50 tout au plus dans le canal.

Car la vitesse de l'eau dans le déversoir sera même doublée par l'énorme augmentation de la pente que nous aurons créée pour l'écoulement de ces eaux.

---

(1) Ou au-dessus de ce niveau, autant que possible, suivant les études définitives à faire dans l'intention de rehausser, si c'est possible, le niveau du Rhône, ce qui nous procurerait l'augmentation de la pente vers la mer.

C'est ainsi que la profondeur du Rhône sous Arles étant de 15 mètres et la prise de notre déversoir devant être pratiquée au niveau actuel du Rhône, le déversoir surélèvera évidemment de 15 mètres la pente existante du lit des crues de ce fleuve. Et si nous y ajoutons l'augmentation possible de la profondeur du débouché dans la mer, que nous facilitera le changement de direction imprimée à notre déversoir, soit du côté de Foz, soit en arrière de Valcarès, dans un lit creusé et préparé à cet effet, nous pouvons espérer une pente de 30 mètres à peu près pour les 32 à 36 kilomètres de parcours des crues dans notre canal-déversoir.

Deux considérations importantes nous donnent la garantie que ce cours d'eau une fois fixé résistera à toutes les causes qui ont influé jusqu'aujourd'hui sur les changements capricieux du lit du Rhône.

1° Parce que l'eau des crues, en débordant par le déversoir, aura déposé déjà dans le canal la plus grande partie des matières solides qu'elle charrie et dont elle est ordinairement chargée. Par conséquent, le lit du déversoir ne sera pas sujet aux envasements et aux amoncellements des matières solides qui produisent en grande partie les déviations et les irrégularités du cours actuel de ce fleuve ;

2° Jusqu'aujourd'hui, les crues du Rhône et son débit normal entraient dans la mer à plat, en quelque sorte en éventail ouvert et tourné du côté de la mer. Par conséquent, l'agitation des vagues de la mer exerçait sur le volume de ces eaux une résistance proportionnée au développement de cette étendue d'eau douce sur la surface de la mer agitée au gré des vents. Du moment que notre déversoir sera établi, cet inconvénient disparaîtra et le dilemme sera inverse. C'est la prise d'eau de ce courant qui se fera à plat, en éventail, si l'on veut, ouvert maintenant du côté de la terre ferme, tandis que son débouché dans la mer devra aller en se rétrécissant, en gagnant en profondeur et en pente, pour entrer dans la mer comme un coin ; il aura par conséquent la force de résister à la pression des vagues, d'écarter et d'enlever les sables mouvants que la pleine mer pourra porter de ce côté. Ce sera, du reste, la mission particulière des ingénieurs auxquels ce travail devra être confié, de choisir pour le débouché le point de la côte le moins éloigné de la prise d'eau sous Arles, le mieux abrité contre les agitations de la pleine mer, enfin, le moins sujet à être obstrué par les sables mouvants. Les rigoles et les réservoirs d'irrigation, ayant prise d'eau le long du canal de ceinture seront, pour tous les autres affluents moins considérables, ce que serait le déversoir pratiqué en face au-dessus d'Arles pour les eaux du Rhône ; car les besoins de l'agriculture peuvent demander de 500,000 à 1 million de mètres cubes d'eau par vingt-quatre heures d'une manière normale.

La troisième condition de l'établissement de notre canal de ceinture serait, comme nous l'avons dit, le dragage continuel et systématique.

Comme nous l'avons dit et prouvé, le système admis de la pente inverse pour notre canal doit avoir immanquablement pour effet : d'abord le déversement du trop plein et des crues par le canal-déversoir, et, par la suite, le dépôt le long du canal de ceinture du limon amené de l'intérieur du pays, que la nature a employé jusqu'aujourd'hui pour la formation du terrain d'alluvion en largeur, et que l'industrie humaine emploiera dorénavant pour rehausser et fertiliser le terrain déjà formé.

Combien de savants distingués n'ont pas déploré les richesses agricoles incalculables que les violents cours d'eau charrient sans aucune utilité dans les profondeurs de la mer? Que de richesses perdues dans le passé! Combien de richesses n'a-t-on pas aussi à gagner sous ce point dans l'avenir.

Il suffit de remarquer qu'il a été officiellement constaté que le principal cours du Rhône porte chaque année avec lui 45,588 millions de mètres cubes d'eau et plus de 17 millions de mètres cubes de limon, riches en principes agricoles, et qu'on peut avec raison nommer le *guano* français.

Il y aurait là de quoi hausser, dans quelques années, toute la surface du terrain d'alluvion que la Compagnie des *Bouches-du-Rhône* aura en sa possession. Il y a là de quoi fertiliser annuellement la moitié de la France qui demande à l'étranger les principes d'amélioration artificielle de son sol, qui en manque pour la plus grande partie complétement, ou qui la trouve à des prix ruineux. Ce sont les parcelles les plus nutritives, les plus grasses de la terre végétale enlevées sur les terres les plus fertiles de la France, mélangées avec d'impalpables atômes de détritus aquatiques et avec des masses calcaires et granitiques réduites en poussière et arrachées aux montagnes de l'Auvergne et de la Suisse par la tenacité de ce cours d'eau d'une dimension de plus de 400 lieues, et tout cela trituré et amalgamé par la main toute puissante des éléments et de la nature. Voilà la composition de ce limon dont une mince couche de 1 millième de centimètre répandue sur le sol par le débordement du fleuve tient aujourd'hui lieu du plus riche engrais dans tout le Delta du Rhône.

Il s'agit seulement de constater les moyens de l'enlèvement de cette vase, son prix et les avantages industriels de cette entreprise audacieuse.

Il est bien constaté que l'enlèvement de ce limon à bras d'homme sur les points du Rhône existants peut fournir à un travailleur 2 mètres cubes de limon par jour, là où il y a possibilité de le recueillir.

Si nous prenons la précaution d'établir dans notre canal, à des distances précises, des poches et des coupures dans lesquelles le limon s'accumulerait de préférence, et autour desquelles on pourrait construire des machines stationnaires pour l'enlèvement de cette vase dans des paniers où elle se déposerait elle-même; si, de plus, on organise, comme ce serait du devoir et de l'intérêt de la Compagnie concessionnaire, une administration et tout un système de dragage et d'enlèvement de cette vase, si précieuse au point de vue agricole et si dangereuse pour les côtes et pour le canal lui-même, qu'elle comblerait en peu de temps, nous aurons découvert une nouvelle et profitable industrie qui ferait vivre plusieurs millions d'hommes d'une manière convenable; nous aurons non-seulement créé une nouvelle branche de richesse publique et agricole, mais encore sommes-nous certain de procurer à la Compagnie un revenu constant de 4 à 5 millions au moins qui, après quatre-vingt-dix années, ferait retour à l'Etat avec la propriété du canal.

En effet, en supposant que, grâce aux précautions prises et au système de curage admis, nous arrivions à obtenir 3 mètres cubes de vase par chaque travailleur à bras, et 5 pour chaque cheval de vapeur, nous trouverons que le mètre cube de vase retirée reviendrait à la Compagnie à 1 franc. Distribué aux agriculteurs par des communications navigables que nous aurons créées, soit sur le terrain d'alluvion, soit dans l'intérieur de la France, en supposant ce prix doublé pour la manipulation possible (1), et triplé ensuite par le transport et le bénéfice, nous obtiendrons le mètre cube d'un engrais excellent au prix de 6 francs, dont 4 mètres cubes seront peut-être suffisants pour fertiliser 1 hectare de terrain mis en culture.

Si nous admettons que, sur les 17 à 20 millions de mètres cubes de limon charrié par le Rhône, un quart soit enlevé par le canal-déversoir et par les prises d'eau des irrigations; en employant 12,000 ouvriers et 10,000 chevaux de vapeur, nous recueillerons 12 à 15 millions de mètres cubes de vase. En nous contentant d'un bénéfice de 50 centimes à 1 franc, nous pouvons espérer pour la Compagnie un revenu net et solide de 8 à 10 millions, supposons même la moitié, 4 millions, qui ne se confondront ni avec le revenu de la navigation sur ce canal, ni avec la fourniture des eaux à l'agriculture.

Dans un autre ordre d'idées, ne faudrait-il pas bénir aussi le ciel de procurer une branche de travail aussi utile aux masses souffrantes, et cela juste au moment où les réseaux de chemins de fer, déjà presque complets, mettront à la charge du Gouvernement et de la propriété, des centaines de milliers de bras, qui se verront tout-à-coup privés du domaine de leur travail, des chemins de fer en construction, et lorsque l'entretien de ces voies de communication n'en emploiera qu'une très-faible partie.

En arrivant maintenant à l'évaluation des dépenses relatives à ces gigantesques travaux, nous aurons pour le déblai des 150 kilomètres du canal de ceinture, dont la section serait de 880 mètres carrés, une dépense moyenne au *maximum* de 2,000,000 de francs par kilomètre, y compris les frais de maçonnerie de certaines parties indispensables. En admettant pour les 35 kilomètres du canal du déversoir le même chiffre de dépenses, les travaux de maçonnerie devant être prédominants, et 10,000,000 de francs pour travaux d'art, comme les ponts et les frais de premier établissement des machines de dragage, nous aurons un total de 380,000,000 de francs, *maximum* de dépenses pour notre canal de ceinture avec son déversoir. Cette dépense utile, comparée à celle des fortifications de Paris, ne semble-t-elle pas légère et plus que possible?

(1) Monopoleurs, par la force des choses, de toute la production à peu près du sel marin sur les côtes du Midi, nous pourrons probablement fournir à l'agriculture notre limon suivant le besoin, salé ou non.

§ III.

Epuisement des étangs salants.

Les travaux d'épuisement, entrepris et menés à bonne fin par les Hollandais, maîtres en ce genre, ont laissé fort peu de choses à innover dans ces sortes de travaux. Cependant l'auteur de ce projet pense que, dans la circonstance qui nous occupe, il y a beaucoup à profiter de la position climatérique de nos étangs à épuiser ; et nous espérons pouvoir exécuter ces travaux mieux, plus vite et à meilleur marché que les Hollandais, quoique nous n'ayons pas, ou bien peut-être parce que nous n'avons pas de fortes marées, apanage des côtes du Nord, et qui facilitent extrêmement en Hollande les conquêtes à faire sur la mer.

En effet, les Hollandais n'ont pas un soleil comme celui de la Provence, ils n'ont ni le mistral ni le siroco, trois agents d'une immense puissance d'absorption de l'humidité. Et si nous voulons remarquer la proportion qui existe entre l'étendue de ces surfaces à épuiser et leur profondeur, si nous admettons la possibilité d'aider l'évaporation naturelle due au soleil de la Provence par un système d'évaporation artificielle, nul doute que nous ne puissions arriver à l'épuisement presque complet des étangs salants, sans recourir à l'emploi des machines si coûteuses à construire et si dispendieuses à entretenir.

L'emploi du calorique pour l'élévation de l'eau, sans intermédiaire mécanique, l'élévation de l'eau par l'évaporation qui volatilise le liquide en raison de la chaleur employée, cette idée n'offre-t-elle pas une plus grande source d'économie que celle de l'élévation de l'eau à l'aide de machines mues par le calorique?

Dans les machines il n'y a guère que 25 à 30 pour 100 du calorique qui fasse emploi utile. Ensuite il y a déperdition de force, et, enfin, frottements de toute nature ; tout cela n'existe pas dans l'évaporation artificielle. Ici, chaque parcelle de calorique, en passant dans le liquide, et du liquide dans l'air, enlève une partie proportionnée du liquide : il ne peut y avoir aucune perte. La force première gît dans l'expansion du calorique qui rayonne à travers le liquide. Par conséquent, dans les machines, il y a perte dans la cause qui produit la force et il y a perte dans l'emploi de cette force. Au contraire, en employant le calorique, sans l'intermédiaire des machines, nous produirons un effet plus utile et le plus économique possible.

Ainsi, supposant la masse d'eau dans les étangs mise à l'abri des infiltrations de tout genre qui les approvisionnent aujourd'hui; si nous voulions employer un système général de chauffage au moyen d'un réseau de tubes très-légèrement submergés, et adaptés à un certain nombre de foyers dont la chaleur, en circulant à travers ces tubes, forcerait le calorique de passer l'eau, il est évident qu'en toute saison et en toute circonstance le calorique, en passant de l'eau dans l'air, enlèvera les parties correspondantes du liquide dans les étangs; opération naturelle, facilitée et rendue possible par le climat de ces contrées. 500,000 mètres de tubes de tôle très-légère, adaptés à cinq cents foyers établis sur un genre de batelets à moitié submersibles, et répartis dans les trois grands récipients d'eau salée de l'étang de Berre, de Valcarès et de Tau, suffiraient pour volatiliser dans trois ans, *maximum*, toute cette masse d'eau salée qui peut s'élever à trois milliards cinq cents millions de mètres cubes de liquide à faire évacuer.

Notre système exigerait une première dépense de 1,500,000 fr. et ensuite, pendant trois ans, une dépense annuelle de 2,500,000 francs; total 9,000,000 *maximum*. En employant les mécaniques et les procédés hollandais, 50,000,000 de francs et dix année des travaux ne suffiraient pas pour arriver à l'épuisement de ces immenses nappes d'eau qui couvrent plus du tiers du Delta du Rhône.

On ne pourrait opposer qu'un seul argument rationnel à l'emploi de ce système d'épuisement; ce serait la crainte de compromettre l'état de salubrité des départements voisins. Mais il est connu que l'eau chauffée ne se corrompt point, que la putréfaction des corps morts dans l'eau chauffée s'exhale avec la vapeur, et que la décomposition pestilentielle n'a lieu qu'au contact de ces corps avec l'atmosphère.

Quel que soit le procédé d'épuisement adopté, l'abaissement des eaux dans les étangs salants et la mise à nu de ce fond de vase engendreront inévitablement des émanations plus ou moins délétères. C'est seulement la culture de ce terrain, les plantations d'arbres, l'assolement, l'irrigation, les semis de certaines plantes absorbant l'humidité qui pourront conjurer ce danger. Notre système ne portera donc pas plus de dangers avec lui que les systèmes hollandais d'épuisement à l'aide de machines et de canaux d'écoulement. Nous gagnerons seulement dans notre procédé la valeur du sel, qui nous restera, l'eau une fois évaporée.

Il est aussi peu probable que notre système ait une influence sensible sur les pluies dans l'intérieur de la France en amassant des nuages au-dessus de nos étangs en évaporation; mais, dans ce cas même, ce ne serait pas un inconvénient qui puisse affecter sensiblement les départements limitrophes.

Ce système d'épuisement, nous demandera-t-on, pourra-t-il enlever jusqu'à la dernière goutte d'eau des étangs? Oui, nous en sommes convaincu, si la chose était indispensable; mais nous croyons à la nécessité de conserver, dans les fonds les plus bas, de petites mares destinées à recueillir dans l'avenir les eaux pluviales de l'entonnoir, formé par la mise à nu du fond des étangs au-dessous du niveau de la mer.

Il est douteux que l'existence de ces petits amas d'eau influe nuisiblement sur la santé des habitants du pays. Dans peu d'années, ces petits étangs ne serviront de dépôt qu'à l'eau douce des pluies, l'eau salée n'étant plus renouvelée; et on sait que le mélange de ces deux eaux est seul dangereux à la santé des hommes. En cas d'insalubrité de ces amas d'eau, nous croyons qu'il sera du devoir de la Compagnie de creuser des réservoirs au-dessous du fond le plus bas de ces étangs mis à nu, afin de recueillir ces eaux sur un sol préparé et solide, car, dans ce cas, c'est le contact de l'eau stagnante avec le sol d'alluvion qui produirait ces maux.

Au nombre des critiques faites par des hommes prévenus ou malveillants, nous en avons entendu une qui nous reproche de vouloir combler les étangs salants!!! Avec quoi et pourquoi; nous le demandons?

L'existence de cet immense entonnoir de plus de 400 kilomètres carrés de surface, en contre-bas de la mer, surprend d'abord, il est vrai: et cependant nous ne sommes aujourd'hui, grâce aux chemins de fer, qu'à quelques heures de la Hollande, et le fond de l'étang de Berre mis à nu, ayant de 7 à 9 mètres de pente sur une superficie de 400 kilomètres, ne serait pas plus perceptible à l'œil nu du voyageur que ne l'est, en Hollande, la pente qui existe entre le sol naturel et le sol conquis sur la mer (1).

On trouve généralement dans la population du midi de la France, à l'hôtel du ministère de la marine et même au jardin botanique, une très-grande répugnance à sacrifier la plupart des étangs salants et surtout l'étang de Berre. L'étang de Berre est, pour une partie de la population pauvre et souffrante de la Provence, un triste mais constant gagne-pain, car cette immense flaque d'eau renferme dans son sein les éléments si précieux de la pêche. Pour certains bureaux de la marine, c'est un futur champ de manœuvre pour les flottes françaises, un champ d'évolution en expectative! car jusqu'aujourd'hui, malgré les dépenses faites pour le canal de Bouc, cet étang est resté inabordable aux navires un peu considérables; ce serait encore un refuge éventuel pour les navires du commerce en temps de guerre; enfin, pour certains savants du jardin zoologique, c'est une perte immense pour l'élève... du poisson.

Nous répondrons à la première de ces objections que la pêche, loin d'échapper des mains de cette partie intéressante et nécessaire de la population, ne sera que transportée sur les rivages de la mer, abandonnés à présent complétement, et n'ayant ni villages de pêcheurs ni centres maritimes : résultats inévitables de l'abandon dans lequel se trouve toute cette partie du pays.

Les travaux de consolidation des bords de la mer, dirigés d'une manière intelligente, faciliteront les moyens de créer, sur un développement de 125 à 130 kilomètres de côtes, un certain nombre de centres de population maritime, dans des conditions de sécurité et des besoins connus de cette industrie. Ce

(1) Plusieurs personnes très-sérieuses m'ont fourni l'idée de diriger le Rhône à travers l'étang de Berre, pour le faire ensabler et combler par le limon; — je le voudrais bien volontiers, mais notre canal à pente inverse et à grande action qui oblige le limon à se déposer le long de son parcours, servirait très-mal à ce but, si ce but devait être temporaire. — Mais si on voulait, d'une manière durable, *clarifier le Rhône* en lui faisant traverser l'étang de Berre, nous irions à l'encontre de notre système de la mise en culture et du déplacement du terrain d'alluvion, car il nous faudrait alors conserver pour toujours l'étang de Berre, et celui-ci continuerait de fournir les émanations salines aux terrains environnants et l'eau de mer aux autres étangs intérieurs.

déplacement aura lieu avec d'autant plus d'avantage qu'aujourd'hui les pêcheurs du golfe de Lyon ne peuvent pas écouler le produit journalier de leur travail; entourés qu'ils sont par des populations clairsemées, pauvres et maladives, réduites à cet état par l'insalubrité pestilentielle de ce pays.

Du jour où la mise en culture de ces terrains sera entreprise, les pêcheurs seront à même de pourvoir à plusieurs millions d'hommes, dont l'aisance influera sur la fortune et sur le travail du pêcheur. Ce n'est pas la plus ou moins grande facilité de la pêche qui fait la fortune du pêcheur, mais bien la facilité de la vente du produit de son industrie. Voilà ce qui manque aux pêcheurs pauvres et misérables de ce pays. Nos travaux, en les rapprochant de la pleine mer, procureront de riches marchés aux produits de leur pêche. Au bout de ce déplacement, nous voyons bien quelques indemnités à accorder, quelques encouragements à donner, des maisons à bâtir, des villages entiers, des ports et des criques à créer; mais toutes ces dépenses seront productives et rapporteront à la Compagnie, soit en revenus, soit en augmentation de valeur, des propriétés immobilières environnantes.

Quant à la manière d'envisager ce déplacement dans les bureaux du ministère de la marine, nous doutons que, sous la direction intelligente et énergique de Son Excellence M. Ducos, l'esprit bureaucratique l'emporte sur les intérêts nationaux.

Nous sommes certain que l'idée de voir, dans la propriété des pêcheries maritimes, *une propriété immuable et imprescriptible,* comme s'est exprimée à notre égard une communication ministérielle,—par conséquent une propriété qui ne serait sujette ni à la concession par l'Empereur, ni à aucun genre de transformation que supporte tout ce qui est propriété;—n'est qu'une simple inadvertance d'un commis de bureau, qui n'est ni sérieuse, ni légale, ni gouvernementale. Du reste, cette prétention administrative devient nulle par la nature des étangs salants eux-mêmes qui, en se comblant successivement, échappent, par la volonté de Dieu et de la nature, à l'administration de la marine et des mains des pêcheurs, pour réclamer les soins de l'agriculteur et la protection du ministère de l'intérieur, de l'agriculture et du commerce.

Nous croyons que le ministère de la marine verra, dans le développement des ressources maritimes qu'offre l'exécution de nos projets, des considérations préférables à celles que pourrait présenter la conservation des pêcheries dans l'étang de Berre et autres. En effet, qu'est-ce qu'est la conservation de ces surfaces d'eau à la pêcherie de cinq cent soixante à six cents familles pauvres et malingres qui exploitent aujourd'hui ces parages, comparée aux avantages que procurerait le développement, sous l'influence de la Compagnie concessionnaire, des bourgs et des villages sur les bords consolidés de la mer? Ajoutons à ces résultats celui du développement dans notre nouveau quartier *quasi-vénitien* d'une population entière de bateliers qui dépendra du bureau du contingent maritime.

A ces nouvelles pépinières de la puissance maritime de la France ne doit-on pas joindre l'augmentation de la population maritime, qui dérivera de la canalisation du Rhône et du mouvement commercial qui s'y développera? Enfin, veut-on compter pour rien, dans les bureaux du ministère de la marine, la population ouvrière que la Compagnie attachera aux travaux du curage systématique de notre canal circulaire; population qui, en prenant l'habitude de vivre sur l'élément liquide, appartiendra évidemment à la conscription maritime? Tout cela n'est-il pas suffisant pour récompenser le ministère de la marine de l'abandon d'un domaine que la nature lui enlèvera également dans peu de temps en comblant les étangs salants?

Ceux qui croient voir dans l'étang de Berre un champ de manœuvre pour la marine de guerre, oublient : 1° que cet étang n'est pas abordable aux navires, et qu'il faut des dépenses considérables pour arriver à cette fin;

2° Que cet étang sera comblé à moitié dans quarante ans;

3° Que le meilleur champ de manœuvre pour une flotte intelligente, brave et sûre d'elle-même, c'est la mer, et cela en raison des dangers et des difficultés qu'elle y rencontre et qui la forment.

Ceux qui veulent employer l'étang de Berre comme un refuge pour les bâtiments du commerce ne réfléchissent pas que cet étang de Berre leur offrirait plutôt un danger qu'un abri; car, en effet, la passe de Bouc une fois forcée, les bâtiments réfugiés ont-ils la moindre chance d'échapper à l'ennemi? Quelles sont les fortifications qui sauraient empêcher de nos jours les bâtiments à vapeur de franchir les passes? Les escadres françaises n'ont-elles pas forcé l'entrée du Tage, etc.? Le meilleur refuge, à notre avis, serait notre canal maritime entre Bouc, la rade de Marseille, Arles, Cette et Agde, canal de 80 mètres de largeur et de 11 mètres en moyenne de profondeur. Voilà un refuge dans lequel aucune flotte ennemie ne se hasardera jamais de poursuivre, ni les bâtiments de commerce, ni les bâtiments de guerre, qui céderaient à des forces supérieures et qui pourraient alors à toute heure, et sur quatre points différents du golfe de Lyon, se mettre à l'abri du canon de la côte et des défenses intérieures, et sortir ensuite par l'autre bout du canal à 100 kilomètres plus loin.

Voilà un véritable refuge qui, en même temps, serait la plus puissante conception stratégique pour les armées navales.

Et si nous joignons aux avantages que nous venons d'énumérer la création de docks-arsenaux sur les quatre points cités de la côte, et d'un arsenal central au milieu des terres à l'abri de toute tentative de l'ennemi, ne sont-ce point là des considérations assez puissantes pour désarmer toutes les influences gouvernementales et maîtriser même l'opposition entêtée de l'esprit bureaucratique?

Les étangs salants alimentent encore des industries nombreuses salinières. Nous avouons que les établissements existants devront être complétement abandonnés dans le cas de l'exécution de nos travaux, et que la Compagnie sera obligée de supporter des indemnités considérables qui tomberaient à sa charge. Mais s'il y avait réellement avantage à continuer la fabrication du sel marin, qui présente maintenant, nous assure-t-on, des bénéfices très-problématiques, et qui cède partout la place au sel gemme, la Compagnie concessionnaire aurait le plus grand intérêt à s'emparer de cette industrie qu'elle pourrait établir dans les conditions les plus favorables, avec les fonds immenses qu'elle aura à sa disposition : elle pourrait fabriquer et livrer le sel marin à meilleur prix et avec des bénéfices plus considérables que les petites fabriques en exercice. Il n'y aurait, de ce côté, aucun genre de danger et de perte, ni pour les particuliers, ni pour les intérêts généraux du pays.

Il en est de même des doléances des adeptes de la pisciculture qui nous accusent, assure-t-on, d'empiéter sur le domaine de leurs travaux qui doivent les mettre à même de pourvoir abondamment aux besoins du pauvre et du riche. Dieu merci! nous sommes trop partisan d'huîtres, de truites, d'aloses, de thon, etc., pour nous opposer jamais au développement et à la culture de ces races intéressantes et succulentes. Si l'élève du poisson est réellement utile et offre des avantages à ceux qui veulent s'y vouer, personne ne serait mieux placé que la Compagnie pour s'emparer de cette nouvelle science et l'appliquer dans les plus vastes proportions. Personne en France n'aura plus d'argent pour faire les expériences nécessaires et pour en profiter.

Nous ne doutons pas que la Compagnie, une fois organisée, ne soit intéressée à s'adjoindre même un des professeurs les plus expérimentés dans cette nouvelle science, et de créer à cet effet une branche distincte d'administration et d'exploitation.

§ IV.

La mise en culture et le dessalement du Delta du Rhône.

Une fois nos terrains préservés des infiltrations salines fournies par les étangs que nous aurions épuisés ; une fois préservés des débordements du Rhône et des déversements des sources d'eau vive sur les basses terres du Delta ; une fois le canal de ceinture rempli d'eau douce, dont des masses considérables seront mises à la portée de toutes les parties de ce territoire qui a besoin d'un dessalement général et dont la culture réclamera toujours un système constant d'irrigation, c'est alors seulement qu'on commencera à toucher au but des travaux vers lesquels nous tendons : à la mise en culture de toute cette immense partie de la Provence.

Cette opération embrassera trois séries de travaux :

1° L'établissement d'un système général d'irrigation, canaux d'irrigation et réservoirs ;

2° Le dessalement des terrains ;

3° La création des établissements agricoles.

Quant au premier, tout le système de rigoles et de réservoirs à établir doit nécessairement avoir sa prise d'eau dans le canal circulaire, et l'eau arrivera sur toute l'étendue du terrain d'alluvion à 1 mètre ou 1 mètre 50 cent. en contre-bas du sol; il faudra décider seulement, plus tard, si c'est aux particuliers qu'incombera la dépense de faire monter à la surface le volume d'eau nécessaire, ou bien si c'est la Compagnie qui devra se charger de ces travaux.

La dépense d'un système général de rigoles, de réservoirs, de machines pour élever et distribuer les eaux réclamera approximativement une dépense moyenne de 50 millions. Il serait de l'intérêt de la Compagnie d'exécuter ces travaux de la manière la plus large et la plus complète, car c'est la base de toute la fortune future de la Société.

Ce n'est qu'après ce système de canaux une fois mis à exécution qu'on peut commencer de dessaler le terrain par des irrigations violentes et successives, par les semis et par la culture des plantes qui exigent beaucoup d'humidité, comme le riz, par exemple. Les plantations d'arbres seront aussi l'un des plus puissants moyens du dessalement et de l'assainissement de ce territoire.

L'établissement des métairies, les plantations d'arbres, les premiers frais de culture exigeront des capitaux considérables, et qu'il est impossible d'évaluer. Cela dépendra le plus de l'intelligence et de l'honnêteté des hommes qui seront placés à la tête des travaux agricoles de la Compagnie. Pour aujourd'hui, nous n'avons à nous préoccuper que d'une seule chose, celle d'avoir suffisamment de l'argent, pour ne pas être arrêtés par les premiers frais, quelque coûteux qu'ils pourront être au commencement.

Ce serait manquer complétement de prudence que de ne pas avoir en réserve au moins 50,000 francs en moyenne par kilomètre carré pour première mise de fonds dans les travaux agricoles de ce terrain, soit 150 millions.

En examinant ce qui a été dit sur l'évaluation des dépenses pour les travaux dans le Delta du Rhône, nous trouvons :

Pour travaux des bords de la mer. . . . fr.	48,000,000
— du canal de ceinture avec son déversoir.	380,000,000
— de l'évaporation des étangs. . .	9,000,000
A reporter.	437,000,000

Report.	437,000,000
Pour travaux des canaux et réservoirs d'irrigation.	50,000,000
— agricoles.	150,000,000
Valeur présente des terrains expropriés ou admis dans le capital de la Compagnie. . .	35,000,000
Pour les indemnités aux industries lésées. . .	50,000,000
Total. . . . fr.	722,000,000
Imprévu et service d'intérêt pendant les cinq ans de la seconde période, compris, chiffres ronds.	800,000,000

En vue de cette dépense énorme qu'il serait dangereux de diminuer sur les devis préliminaires, tout en faisant les efforts les plus honorables pour les diminuer dans l'exécution des travaux, voici quelles seraient les ressources de la Compagnie?

1° 200 millions du capital constitutif de la Compagnie, reste, après les 60 millions de dépenses de la rade, et de 40 autres millions gardés pour l'imprévu et le service des versements opérés dans les cinq premières années, soit . . . . fr.	200,000,000
2° 300 millions d'emprunt autorisés par les statuts, produits, moitié par des émissions successives des titres d'emprunt à 5 pour 100, moitié en engageant dans les Sociétés hypothécaires les propriétés acquises de la Compagnie, soit.	300,000,000
3° Le produit de la vente de nos terrains de la rade dans les dix premières années des travaux et qui seront les plus profitables peut-être, *minimum*.	350,000,000
4° La vente du revenu des deux docks à des *sous*-Compagnies, en gardant les trois autres. .	50,000,000
5° Le revenu pendant les six années, à com-	
A reporter.	900,000,000

Report........ 900,000,000

mencer de la quatrième des travaux, du droit d'ancrage et de tonnage, du tunnel, des docks réservés, des maisons bâties pour le compte de la Compagnie, avec le fonds de 40 millions de réserve; des salinières et des propriétés dans le terrain d'alluvion, soit expropriées, soit admises dans la Compagnie, ainsi qu'il suit, par an :

1° Revenu du droit d'ancrage..........	500,000	
2° — du tunnel, moyennant péage et magasins dans la galerie....	200,000	
3° — des maisons................	3,000,000	
4° — des docks réservés..........	1,000,000	
5° — des salinières et des terres d'alluvion acquis..............	4,000,000	
Total.........	8,500,000	
Pendant six ans, feront.		51,000,000
Total.		951,000,000

des ressources, dans les dix premières années, pour couvrir une dépense possible au *maximum*, comme nous l'avons vu, de 800 millions.

A la suite de cette opération, nous aurons dans les quatre-vingt-dix ans restants de notre concession, à percevoir :

1° La valeur brute des terrains d'alluvion dessalés et améliorés, en comptant 600,000 francs pour le kilomètre carré. . . . . fr. 1,800,000,000

2° Le revenu capitalisé de ces terrains, en admettant cinquante ans, moyenne de sa perception, et cela sur la moitié de la valeur admise à 4 pour 100, fera.. 1,800,000,000

3° Le restant de la vente des terrains dans la rade, en comptant la moitié seulement des quatre milliards admis plus haut. 1,065,000,000

4° Le revenu capitalisé de nos trois docks restants, pendant les quatre-vingt-cinq dernières années, en le supposant élevé à 5 millions

A reporter..... 4,665,000,000

Report....	4,665,000,000
par an.	255,000,000
5° Le revenu pendant cinquante années des maisons bâties pour le compte de la Compagnie, revenu évalué plus haut à 5 millions par an, supposé augmenté de 1 un million, maisons dont la vente se confondra avec la vente des terrains de la rade, soit.	160,000,000
6° Le revenu du tunnel pendant quatre-vingts ans restants, supposé triplé, soit 600,000 fr. par an, fera.	48,000,000
7° Le revenu du droit d'ancrage et de tonnage pendant quatre-vingts ans restants, supposé doublé, soit 600,000 francs par an . . .	48,000,000
8° Le revenu de 6 millions, *minimum* par an, produit du curage pendant quatre-vingt-cinq ans, fait.	510,000,000
9° Le tarif de la navigation sur le Rhône canalisé pendant quatre-vingts ans, le fort tonnage admis, 10 millions par an	800,000,000
10° Le service de l'eau douce à l'agriculture pendant quarante ans, après la vente des propriétés territoriales, 1 million par an.	40,000,000
11° La valeur du sel après l'évaporation des étangs, *minimum*	20,000,000
12° Les indemnités des riverains du Rhône préservés des inondations, dans les vingt premières années.	100,000,000
13° Revenus divers, dans les terrains d'alluvion, tels que les salinières, pêcheries, création des villages de mariniers, petits ports et criques pour les pêcheurs, 5 millions par an, pendant soixante ans au moins.	180,000,000
Total.	6,826,000,000

grevés de 300 millions de dettes, amortis en vingt-quatre années avec des primes et dividendes qui feront monter ce chiffre à celui de 360 millions.

Maintenant, en supposant le kilomètre carré des terrains d'alluvion dessalés 1 million, bâtisses et améliorations faites y comprises; en supposant la vente de nos terrains dans la rade d'un produit de 4 milliards admis primitivement; en supposant le revenu de nos canaux de fort tonnage pouvoir être le double des canaux du Midi; en supposant la vente des 15 millions mètres cubes de l'engrais produisant le revenu de 16 millions, nous arriverons au chiffre énorme de plus de 9 milliards possibles de réalisation, tous les frais et dépenses couverts. C'est plus de trente fois le capital primitif placé dans cette affaire par les actionnaires, et qui doit être partagé entre eux pendant quatre-vingt-dix années.

En face de pareils avantages, la Compagnie se refuserait-elle d'accepter les charges que son patriotisme et les besoins du Gouvernement lui ordonnent de supporter? Les 5 millions présumés pour les terrains de l'arsenal, les 4 millions possibles de la jetée en avant du port de Bouc, enfin 10 à 15 millions pour les jetées devant garantir la partie utile de la rade? Je ne le crois pas; ce ne serait de la part des Français ni raisonnable ni honorable, ce serait une lésinerie et une sécheresse de cœur dont le Gouvernement de Sa Majesté ne devrait nullement se préoccuper, après avoir fixé le cahier des charges, suivant les termes précis de la demande en concession formulée par le demandeur et auteur du plan financier et industriel que la Compagnie sera obligée d'exécuter à l'avantage du pays et avec une sécurité de bénéfices qu'on ne rencontre jamais dans des opérations de ce genre. Il est vrai que les actionnaires, pendant dix ans peut-être, temps nécessaire des travaux des docks et des terrains sur empierrement, devront se contenter de 4 et de 4 1/2 d'intérêt; mais n'est-ce pas mieux encore que les rentes sur l'Etat? N'est-ce pas encore le plus solide, le plus profitable placement du père de famille et du patriote?

CHAPITRE VII.

Considérations générales.

Après avoir ainsi étudié sommairement les nombreuses et immenses questions qui forment le plan général de notre opération financière et industrielle, on comprendra non-seulement la possibilité de l'exécution de tous ces travaux, mais encore l'immense portée financière et les résultats évidents de la réunion dans une seule main de tant de travaux différents.

Le plus difficile pourtant ne sera, certes, pas de régler l'exécution de ces travaux à entreprendre ; nous n'aurons qu'à les prendre comme ils se présenteront et à les régler dans l'ordre de la possibilité de leur exécution successive, avec les ressources que nous posséderons, de 300 millions versés en cinq annuités de 60 millions, ou bien en dix versements échelonnés pendant cinq ans, de six en six mois, et plus tard, en suivant les revenus et la réalisation des ressources futures que nous connaissons.

Ainsi, les premiers dix-huit mois embrasseront seulement les travaux dans la rade et ceux de l'assainissement, en y comprenant le déblai du canal entre la rade et les Martigues.

Pendant ce temps, les travaux du Delta seront étudiés seulement sur le terrain, déterminés et tracés définitivement. Ce serait aussi le moment de finir, à l'amiable ou non, avec les propriétaires des immeubles, tous les réglements des indemnités, et qu'il faudra exécuter au plus vite, sous peine de laisser la hausse de ces propriétés s'établir d'une manière légale et définitive.

Ce n'est qu'à partir de la fin des premiers dix-huit mois que les travaux de la consolidation des bords de la mer pourront être commencés, ainsi que certaines parties du canal de ceinture qui seront à l'abri des infiltrations et placées dans les terrains secs.

C'est à la fin de la quatrième année que les travaux de la rade et de l'assainissement devraient s'approcher de leur fin.

A cette époque, nous devrions avoir au moins trois docks sur cinq déjà construits, ainsi que tout le développement présumé des 4,000 mètres de la jetée.

Nous devrions avoir aussi à cette époque déjà une centaine de mille mètres carrés de notre terrain artificiel prêts à être livrés aux mains des entrepreneurs de bâtiments, et, indépendamment de cela, avoir peut-être deux cents maisons bâties pour le compte de la Compagnie.

C'est avec la cinquième année que les travaux de la consolidation des bords de la mer devraient être complétement terminés, en laissant seulement les passes libres, pour déverser en pleine mer l'affluent des rivières qui se jettent dans les étangs salants.

A cette époque aussi, les quatre débouchés du canal de ceinture dans la mer devraient être prêts à recevoir les eaux.

A la fin de la huitième année, les canaux de ceinture, les rigoles et tout le système d'irrigation devraient être exécutés, le barrage du Rhône fait et le canal déversoir entamé.

Dans la huitième ou dans la neuvième année, selon que l'atmosphère promettra plus de sécheresse, le déversoir devra être complétement terminé en appelant le surcroît le plus considérable de bras. Certainement le Gouvernement n'hésitera pas, dans cette circonstance exceptionnelle, à prêter à la Compagnie le concours de 25,000 hommes de troupes ; car il faudrait exécuter ce gigantesque travail dans une seule campagne ou dans deux étés au moins.

Sitôt que le canal de ceinture aura été ouvert, la fermeture des passes donnera le signal de l'emploi du système choisi d'épuisement. En trois ans nous espérons qu'il aura amené tous les résultats désirables.

A mesure que le niveau dans les étangs baissera, le système d'irrigation commencera à fonctionner. Pendant ce temps aussi, il faudra exécuter la construction des métairies et des colonies agricoles ; tandis que, sur le bord de la mer, on commencera la construction des villages de pêcheurs, des criques et des petits ports artificiels.

C'est à la fin de la douzième ou treizième année que les plantations d'arbres, les semis et les cultures sérieuses devront être introduites en grand, sur toute cette surface, dont certaines parties pourront être cultivées probablement dès la neuvième année.

Enfin ce n'est qu'à dater de la quinzième année des travaux et de l'organisation de la Compagnie que celle-ci entrera dans la phase d'exploitation complète et productive des terrains. Ce sera aussi le moment où l'organisation intérieure de l'administration de la Compagnie devra subir une transformation complète.

C'est de cette époque que la prépondérance des ingénieurs devra cesser, pour faire place aux chefs de l'agriculture auxquels, dès ce moment, les premiers devraient être soumis.

Voilà quant à la conduite des travaux. Avons-nous besoin de dire que chaque partie distincte de cette entreprise devra être exécutée sous une direction différente, et que l'administration générale devra centraliser seulement toutes ces entreprises sous l'œil d'un seul chef, en réunissant dans la bourse commune leurs pertes et leurs avantages.

Il y a certaines personnes qui, tout en rendant justice à la nécessité de notre entreprise et à son utilité, voudraient la partager entre trois ou quatre Compagnies. Mais sur quelle base opérerait-on ce partage?

L'assainissement du vieux port est une perte sèche. Qui est-ce qui l'entreprendra? Qui en payera les frais?

Si on veut les faire supporter à une autre Compagnie, chargée par exemple des travaux de la rade, celle-ci dira avec raison que, s'il y a bénéfice à exécuter ce travail à forfait, il vaut beaucoup mieux que ce soit elle, elle qui solde ces travaux d'une manière onéreuse, qui bénéficie au moins sur les travaux d'assainissement. Cela sera d'autant plus facile à cette Compagnie que les frais d'administration générale seront les mêmes pour les deux entreprises, et que cela n'empêchera nullement d'employer d'autres ingénieurs et d'autres ouvriers pour chacune de ces deux entreprises. Il en est de même pour les autres parties de notre opération.

On ne saura jamais scinder les trois ou quatre entreprises dont se composent nos projets sans faire du tort, soit à l'Etat, soit à la ville, soit à chacune de ces entreprises. En les réunissant, on aura des bénéfices immenses; en les séparant, on n'aura que des difficultés et des pertes.

C'est l'Etat surtout qui payerait les pots cassés de ce démembrement malencontreux de l'opération proposée ; c'est l'Etat qui serait obligé de perdre ce qu'il aurait gagné avec nous, et de donner des subventions que nous ne lui demanderons jamais.

La garantie d'intérêt de 4 pour 100 et de 4 1/2, différence faite dans l'intérêt de l'Etat, pour arrêter le jeu effréné de la Bourse ; cette garantie, seule charge de l'Etat et qui lui assure le tiers des bénéfices nets, cette garantie, disons-nous, est purement illusoire et rendue telle par l'article 55 des Statuts. Cet article ordonne la création d'un fonds de réserve, formé par le prélèvement d'un dixième sur tous les versements opérés, soit sur le capital des actions, soit sur le montant des emprunts ; ce fonds de réserve devant servir principalement au service des intérêts garantis aux actionnaires par le Gouvernement et qui doivent être prélevés durant l'exécution des travaux sur le chiffre du capital et des emprunts.

La garantie de l'Etat n'est sollicitée que pour douze années, par conséquent, elle finira au moment où la Compagnie cessera d'avoir recours aux emprunts et qu'elle entrera dans la pleine jouissance de ses revenus et de ses avantages.

Nous faudra-t-il parler de la possibilité d'émettre le chiffre aussi considérable des actions de notre capital ? Une fois que le public aura compris les immenses avantages nationaux et privés de cette entreprise, les capitaux ne nous manqueront pas. Nous espérons surtout dans le placement des pères de famille et des ouvriers laborieux auxquels nous voudrions ouvrir une voie directe, sans les obliger d'employer des intermédiaires coûteux. C'est à cet effet que nous sollicitons du Gouvernement l'autorisation d'ouvrir des listes de souscription chez les receveurs généraux des départements, que les préfets auront le devoir de visiter et de contrôler. C'est au profit de cette intéressante partie du public, auquel répugne le jeu de la Bourse, que nous avons créé des actions *différées*, d'un demi pour cent d'intérêt plus élevé que les actions ordinaires, et qui partagera dans la même proportion avec celles-ci *les bénéfices nets*, ainsi que les *primes* et les *dividendes* annuels.

Nous avons acquis la certitude que les capitalistes anglais, qui comprennent mieux que tous les autres les grandes et bonnes

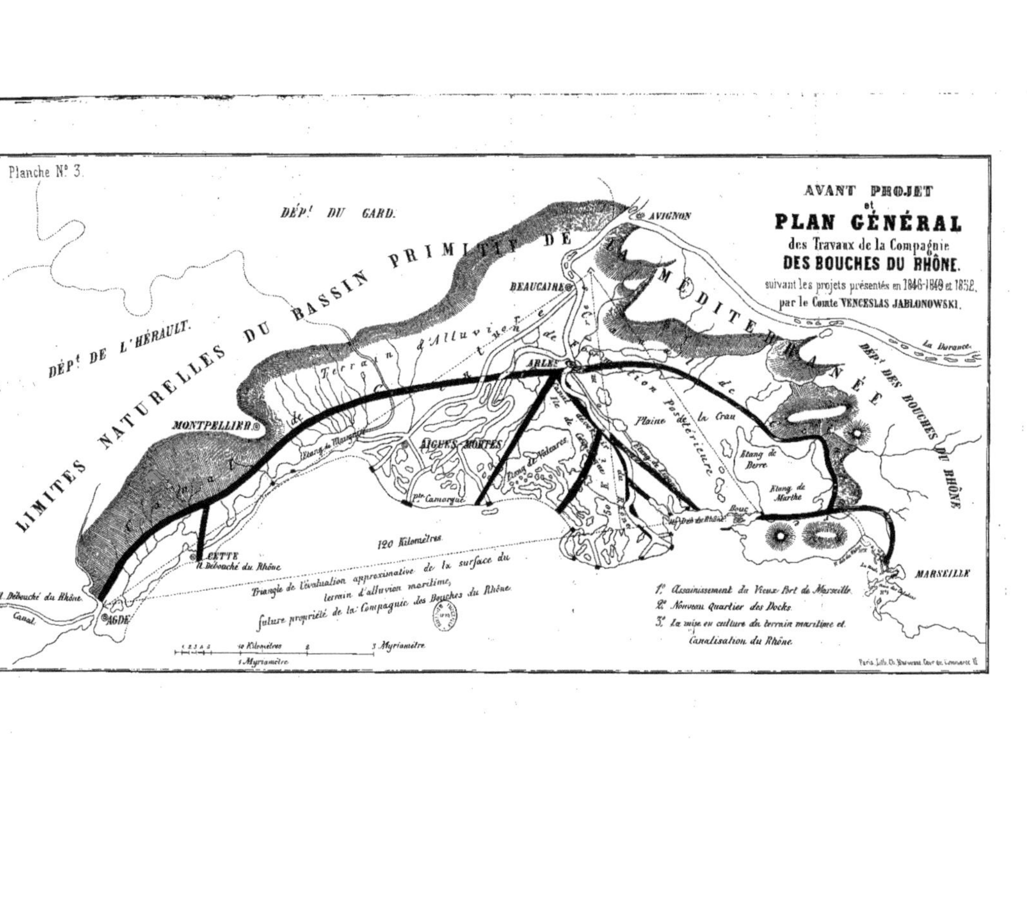
Planche N° 3.
AVANT PROJET
et
PLAN GÉNÉRAL
des Travaux de la Compagnie
DES BOUCHES DU RHÔNE.
suivant les projets présentés en 1846-1849 et 1852,
par le Comte VENCESLAS JABLONOWSKI.
DÉP.t DU GARD.
DÉP.t DE L'HÉRAULT.
LIMITES NATURELLES DU BASSIN PRIMITIF DE LA MÉDITERRANÉE
DÉP.t DES BOUCHES DU RHÔNE
AVIGNON
BEAUCAIRE
ARLES
MONTPELLIER
AIGUES MORTES
CETTE
AGDE
MARSEILLE
La Durance
Plaine de la Crau
Etang de Berre
Etang de Marthe
Etang de Vaccarès
Terrain d'Alluvion
120 Kilomètres
II. Débouché du Rhône
Canal
Triangle de l'évaluation approximative de la surface du terrain d'alluvion maritime, future propriété de la Compagnie des Bouches du Rhône.
1° Assainissement du Vieux Port de Marseille.
2° Nouveau Quartier des Docks.
3° La mise en culture du terrain maritime et Canalisation du Rhône.
10 Kilomètres
1 Myriamètre
3 Myriamètre
Paris, Lith. Ch. Nouveau Cour du Commerce 11

affaires, prendront une large part dans les opérations de la Compagnie des Bouches-du-Rhône. Nous croyons pouvoir compter dès aujourd'hui sur des souscriptions sérieuses qui dépassent déjà le capital nécessaire de 300 millions.

La participation des capitalistes anglais dépend toutefois complétement de l'initiative des capitaux français. Anglais, peuvent-ils provoquer une œuvre si éminemment nationale française, et qui mettra dans la dépendance de ce pays les intérêts si nombreux de l'industrie britannique? Mais cette affaire une fois organisée et mise en train, les Anglais auront l'intérêt le plus évident d'y prendre la plus large part, et au lieu d'entreprendre une lutte folle avec nos tarifs et avec le système français du transit, ils seront obligés de se joindre à nous, de gagner sur notre entreprise ce qu'ils perdront sur leurs propres docks, et d'amortir enfin par leur participation le choc inévitable et funeste de ces deux rivalités.

En Angleterre, l'engouement pour les chemins de fer est depuis longtemps passé; on demande non-seulement quelque chose de nouveau qui puisse relever les appétits blasés de la spéculation, mais qui puisse encore ouvrir des voies nouvelles à l'esprit de l'entreprise. Eh bien! notre affaire sourit éminemment de l'autre côté du détroit à la hardiesse de ses spéculateurs, malgré qu'elle semble blesser quelques-uns de leurs intérêts.

Les capitalistes de l'autre côté du détroit et leurs agents à Paris auraient voulu nous faire abandonner complétement la partie de nos projets qui concerne les docks et le quartier sur empierrement, ils auraient voulu nous renfermer dans les travaux de dessèchement et de la mise en culture des terrains du Delta; mais quel est l'Etat, fûssent-ils ceux de l'Angleterre et de la France réunis, qui oserait jeter d'un coup 800 millions de valeurs industrielles sur le marché public? Cette somme immense, nous la réalisons par la vente successive des propriétés immobilières, ou en engageant celles-ci dans les sociétés hypothécaires que le génie de l'Empereur semble avoir créées pour nous tout exprès, et sans lesquelles nous n'aurions pu nous engager hardiment dans notre entreprise.

Aussi les Anglais, une fois bien convaincus que chacune des parties ne peut se passer de toutes les autres, ont-ils bravement pris la résolution de nous suivre même sur ce terrain. Ils ont su apercevoir des avantages que l'esprit tenace et entreprenant de cette race peut seulement tenter; oui, ils ont déjà embrassé de sang froid, mais résolument, la détermination de transporter sur le sol français l'industrie de leur pays et de commencer ici leur lutte hardie avec l'industrie française!

» Ah! me disait il y a quelque semaines M. de F....., Marseillais, faisant partie de la députation de la Chambre du commerce de cette ville près de l'Empereur, dans la question des Docks : « En demandant l'octroi de la liberté commerciale pour « votre nouveau quartier, vous voulez, Monsieur, construire à « côté de notre Marseille un genre de ponton manufacturier « que les Anglais établissent quelquefois dans certains parages, « et qui donnent dans ces pays droit de cité aux produits de « leur industrie. » Et c'est la vérité.

Mais l'industrie française n'oserait-elle pas affronter cette lutte dans le champ-clos que lui traceraient les limites de notre quartier; lutte courtoise, qui aurait lieu à l'ombre du drapeau français, lutte dont l'éclat ajouterait, si cela est possible, à l'éclat de la France et qui devrait, au demeurant, produire les meilleurs résultats pour ce pays et pour son industrie.

Oui, c'est vrai ! L'Angleterre voit dans notre projet du quartier des docks des dangers sérieux pour son système d'entrepôt; mais elle y aperçoit aussi la possibilité des conquêtes industrielles à faire jusque sur le sol français ; c'est franc et hardi ; mais n'est-ce pas aussi un admirable moyen de faire progresser l'industrie française, tenir en éveil l'amour-propre national et attirer les capitaux étrangers?

Pour nous, nous aurons seulement à veiller que le concours obligé des capitaux anglais se produise cette fois sous des formes et avec des garanties que toutes les entreprises faites en France n'avaient pu obtenir jusqu'aujourd'hui de ces insulaires.

Jusqu'à présent, les capitalistes anglais ne faisaient jamais en France de placements sérieux et de longue haleine, ils conservaient toujours les plus grandes facilités de se retirer à tout moment de l'affaire, après l'avoir écumée. Les Anglais agissent différemment en d'autres pays, par exemple en Espagne, au Mexique, en Italie et en Russie; là-bas, ils font des placements permanents de leurs capitaux. Quelle en est la raison? Auraient-ils de la répugnance à lier leurs intérêts avec les intérêts de la stabilité et de la conservation en France? Voudraient-ils spéculer sur les révolutions?

Récemment encore, une respectable députation du commerce anglais rassurait la France sur les intentions pacifiques et amicales de l'Angleterre. En vérité, la meilleure preuve, à notre avis, de l'amitié sincère des Anglais vis-à-vis de la France, serait des placements considérables des fonds anglais dans les affaires et dans les travaux à long terme, comme les nôtres, par exemple. L'argent anglais, une fois bien engagé ici dans le maintien de la tranquillité publique, on peut être certain que ni la démagogie de Londres ni la coalition européenne ne menaceraient plus les gouvernements établis en France.

Un ministre anglais, quelque hostile qu'il saurait être à la France, sera toujours obligé de ménager les intérêts anglais engagés dans ce pays.

Aussi voulons-nous exiger que les capitaux étrangers qui participeront aux avantages de notre opération, et qui recevront, de la part du Gouvernement français, selon les termes de la demande en concession, des garanties exceptionnelles et inusitées, donnent aussi à leur tour des garanties suffisantes de leurs intentions et de leur conduite sur le marché public.

Nous exigerons, par conséquent, que les actions souscrites pour le compte des capitaux étrangers restent pendant cinq ans sur leurs souches. Les capitalistes anglais se contenteront des *récépissés* qu'ils auront la faculté de joindre aux actions qu'ils pourraient émettre en Angleterre, et qui n'auront par conséquent de cours que sur le marché étranger. De cette manière, nous espérons forcer les capitaux étrangers de s'attacher solidement à notre entreprise, et en même temps nous croyons prévenir ainsi l'encombrement des valeurs industrielles sur le marché français; danger réel et objet de la sollicitude la plus honorable du gouvernement de Sa Majesté Impériale.

Pour comprendre les besoins qui obligent aujourd'hui les capitalistes anglais de chercher les placements avantageux et solides, il faut se rendre compte de l'immense déplacement qui s'opère de plus en plus vivement de nos jours en Angleterre, dans la possession des valeurs en portefeuille. On a calculé que plus de 240 millions en monnaie française, de titres de rentes sur l'Etat et de valeurs industrielles passent annuellement, et se casent définitivement, dans des milliers de Sociétés d'assurances de tous genres et des associations ouvrières de prévoyance. Ce sont ces dernières surtout qui prennent chaque jour des développements plus considérables. Evidemment, ces valeurs ainsi mobilisées sortent des mains des spéculateurs, qui se trouvent alors nantis des capitaux improductifs, en monnaie sonnante, qu'ils ont par conséquent besoin de placer et d'employer au plus vite et le plus avantageusement. L'affluence du minerai d'or facilite seulement ce déplacement de valeurs et oblige davantage les capitalistes à des placements, faits en vue des besoins futurs de ce nouveau Gargantua des valeurs industrielles dont nous venons de parler, qui vient de naître au soleil, et qui peut prendre des proportions effrayantes pour l'esprit du calculateur le plus hardi.

Il ne faut donc pas s'arrêter au chiffre considérable de 300 millions que nous voulons demander, en cinq années, à la bourse du pauvre et à la caisse du riche capitaliste; prenons seulement les précautions les plus minutieuses contre les mouvements irréfléchis de la Bourse et contre la spéculation des joueurs.

A cet effet, il nous semble qu'à côté d'une large souscription anglaise, dont nous sommes assuré, on ne devra faire participer que des capitaux français sérieux, en excluant impitoyablement le capital circulant et les souscriptions fictives des joueurs. Depuis plusieurs mois nous sommes en instance près du gouvernement de Sa Majesté pour avoir le droit d'établir sur ces bases-là l'émission de notre capital; on éviterait ainsi, comme nous l'avons dit plus haut, à un grand nombre de souscripteurs sérieux, l'entremise coûteuse des banquiers, en ouvrant chez tous les receveurs-généraux des départements des listes de souscription pour cette entreprise nationale, révisées par les préfets. Ces souscripteurs seraient seulement admis dans l'émission des actions différées de 4 1/2 pour cent, non négociables par conséquent à la Bourse, selon les Statuts, pendant neuf ans; le reste, sauf le capital souscrit par les fondateurs de l'entreprise, irait à l'étranger, sans pouvoir revenir légalement en France pendant cinq ans, temps nécessaire pour le placement des actions de la serie française et de celles des chemins de fer concédés. Ainsi serait évité, selon nous, tout danger financier pour cette opération gigantesque.

Quant au chiffre lui-même des 300 millions du capital primitif, quelque élevé qu'il soit, quelque difficulté que puisse présenter son émission, quelque pression qu'on veuille exercer sur l'organisateur de la Compagnie et n'importe ce que peut lui coûter sa résistance, il ne consentira jamais à diminuer ce chiffre considérable, mais nécessaire.

On connaît à présent le devis loyal et plein de prévoyance des travaux à exécuter, et qui se monte à 900 millions.

Quelles que soient les économies réalisables dans ce devis, fait au *maximum*, comme notre loyauté et les besoins futurs de la Compagnie l'exigent, jamais ces économies ne pourront dépasser 250 millions, nous en sommes convaincu. Comment pourrait-on, par conséquent, en face d'une dépense *minimum* de 650 millions, s'aventurer dans des travaux de longue haleine, de douze années, sans avoir assuré la moitié du capital des dépenses nécessaires.

C'est d'autant plus indispensable que les ressources, sur lesquelles nous comptons dans l'avenir, nous arriveront d'autant plus abondamment et d'autant plus facilement que nous serons mieux pourvus en ressources premières, qui nous permettront de dominer les exigences des capitaux et les résultats des événements qui pourraient surgir dans ce long laps de temps.

En effet, n'avons-nous pas besoin d'imposer nos prix aux acheteurs des terrains de notre nouveau quartier des docks? Et comment pourrions-nous le faire, si nous nous trouvons acculés entre le besoin d'argent et la résistance des capitalistes qui voudront spéculer sur notre situation embarrassée, et qui nous obligeraient de vendre à moitié prix nos terrains et les maisons que nous y aurions construites.

Comment aborderions-nous l'expropriation des terrains d'alluvion si, du premier jour, nous n'étions pas suffisamment pourvus en numéraire et garantis par des versements nécessaires et rapprochés, qui puissent montrer aux propriétaires de ces immeubles que nous pouvons solder leur dû légal sans arrêter nos travaux; seule considération qui les obligera de faire l'apport amiable de leurs immeubles dans le capital de la Compagnie; ce qui non-seulement intéressera les habitants de ce pays au succès de notre entreprise, mais qui diminuera le chiffre de nos emprunts futurs.

D'un autre côté, nous avons à conjurer un danger encore plus considérable ; celui des événements politiques qui pourraient surgir pour le malheur de ce pays. Où en serions-nous avec notre entreprise, avec nos travaux entamés, au cas, soit d'une révolution, soit d'une guerre, qui n'ont pas de probabilité aujourd'hui, il est vrai, mais que le hasard et la volonté de Dieu pourraient amener.

Comment faire alors appel à de nouveaux capitaux ? Comment faire des émissions nouvelles, soit des actions, soit des emprunts? Ne vaut-il pas mieux être garantis par des versements faits déjà par les actionnaires, des versements successifs qu'ils auraient encore à faire? Cela nous serait d'autant plus profitable et facile que la moitié, ou même la majeure partie de notre capital, sera souscrite par les capitaux étrangers qui ne seraient pas affectés chez eux par les événements de France et qui seraient obligés de poursuivre leurs versements ; garantis suffisamment qu'ils sont par les stipulations de la concession qui concernent, eux et leur argent. Ils ne courront alors aucun risque, et cela d'autant plus que les actionnaires étrangers exécuteront loyalement les engagements qu'ils auront contractés.

La continuation de nos travaux et des versements des actions émises intéressera trop vivement tout gouvernement qui surgirait de la commotion politique, ou qui aurait une guerre à soutenir, pour que nous ne soyons pas mis à même de remplir, dans ces deux cas, nos obligations vis-à-vis des actionnaires étrangers et de leur demander, en retour, la continuation obligée des versements auxquels ils se seraient engagés.

Ceux qui veulent nous forcer à diminuer le chiffre du capital primitif cèdent évidemment aux plus détestables habitudes de certains industriels qui ne se préoccupent pas des moyens sûrs et honnêtes de faire une affaire et de la mener à bien, et auxquels il suffit de monter une entreprise, de la lancer sur la place, de la faire réussir à la Bourse et de retirer ensuite bien vite leur épingle du jeu en disant: *Vogue la galère! qu'ils se sauvent maintenant comme ils pourront.* Ils calculent aussi sur les passions et l'intelligence un peu moutonnière du capitaliste français, qui se laisse prendre toujours à la sotte glu du *bon marché*. Est-ce que le bon marché ne coûte pas le plus? *Il faut engager seulement l'argent du capitaliste français,* disent ces industriels, *plus tard il donnera ce qu'on voudra ; il criera, mais il payera.* C'est possible ; ce n'est peut-être, hélas ! que trop vrai ! mais nous ne recourrons jamais à ce charlatanisme, à cette exploitation de la faiblesse du public français, et dans laquelle ont fait naufrage les plus beaux caractères et les plus fortes intelligences qui se sont déshonorés dans ce système fatal de faire les affaires, lequel dégrade l'esprit du commerce et de l'industrie et démoralise les capitaux honnêtes. Dans cette circonstance moins que dans aucune autre, cette manière de faire ne doit pas avoir lieu, parce que les conséquences en seraient plus fatales et plus désastreuses que partout ailleurs.

En produisant cette entreprise au grand jour et en demandant la concession au Gouvernement, nous savions la responsabilité que nous assumions sur notre personne et sur notre nom dans le présent et dans l'avenir. Nous comprenons les effets de l'immense déplacement que l'exécution de ces projets devra exercer sur tout le midi de la France ; nous comprenons les immenses intérêts qui seront engagés dans cette opération gigantesque, sûre et admirable en elle-même mais qui, mal conduite, surtout sans garanties suffisantes, pourrait produire les résultats les plus tristes, les plus terribles et les plus navrants. La responsabilité de ces désastres ne pèsera par alors sur les personnes et sur les noms des industriels de bas étage, dont les intrigues et les ramifications souterraines nous auraient obligé de borner l'émission à 140 ou 150 millions, comme on le veut. Non, c'est sur cet aventurier étranger, nouveau Law, qui, par des projets monstrueux et séduisants, a su entraîner les spéculateurs et un gouvernement aux nobles aspirations, c'est sur notre nom que reposeraient tous les reproches, toutes les justes malédictions et tout le déshonneur. Non, jamais, quoi que cela puisse coûter à notre avenir dans cette affaire qui dépend du reste complètement de la conscience et de la volonté de l'Empereur, nous ne consentirons de notre propre volonté à la diminution du capital primitif. Ce capital diminué, nous n'aurions rien dans cette affaire, nous ne voudrions pas le prendre alors sur notre responsabilité, nous l'abandonnerions alors à ceux qui se saisissent indûment de notre propriété et de nos projets ; nous leur laisserions la honte d'une spoliation inique et la responsabilité de désastres immanquables.

Dans les intrigues qui ont donné lieu à cette publication et à notre défense, on a voulu hypocritement donner à entendre que nous tenions seulement à ce chiffre du capital, afin d'augmenter celui de notre apport. Pour anéantir cette calomnie, nous n'avons pas hésité un moment à faire l'abandon *gratuit et sans aucune indemnité* de tout notre travail de dix ans, à une réunion d'hommes honorables, dont les noms publiés ultérieurement donneront un surcroît de garantie au public et au Gouvernement, nous réservant seulement l'honneur de la direction générale de cette entreprise que, sans la moindre vanité, nous pouvons être le seul à comprendre dans toutes ses parties, et dont l'exécution pratique et partielle sera confiée à des hommes spéciaux dans chaque branche de travaux à entreprendre, au choix ou sous le contrôle de la Compagnie déjà organisée.

Nous faisons cet abandon de nos intérêts d'autant plus facilement que nous avons acquis la conviction qu'il n'existe pas dans la législation française aucune sauvegarde pour le talent qui fait mouvoir et qui fait profiter les capitaux. Un négociant intéresse ordinairement l'homme qui dirige ses opérations pour une partie de ses bénéfices ; mais, dans l'organisation du capital des sociétés anonymes, une part, ouvertement accordée dans le capital constitutif et qui représente l'*apport* de l'intelligence qui a conçu l'opération financière par un travail d'esprit de plusieurs années, est presque considérée comme la spoliation du capitaliste qui apporte son argent sans peine ni fatigue, et qui gagnera de même dans ce placement avantageux. Tout dépendra, pour l'homme de talent, de la bienveillance des autorités supérieures. Et ce ne sera pas un dû légitime, déterminé légalement, en proportion du capital employé et des bénéfices que l'homme de talent aura procurés aux capitalistes, mais ce sera tout uniment un genre de complaisance et d'aumône.

En mettant en nos lieu et place une raison collective formée par des noms français, d'une honorabilité éprouvée et appartenant à toutes les opinions politiques, nous avons voulu aussi faire disparaître notre nom étranger, un nom polonais, désagréable, hélas ! peut-être, par cela seul, à une grande partie du public, et cela, peut-être, avec raison. Nous avons cru, au commencement, que nous pourrions espérer une concession simple, en notre nom, pour les docks de Marseille, comme en a obtenu dernièrement un Anglais pour les docks de Paris. Nous avons cru que nos efforts et l'utilité de nos projets auraient mérité cette grâce de la part du gouvernement impérial;

nous avons cru un moment que la qualité même de Polonais, qui voulait laisser en France le souvenir d'un dévouement incontestable pour les intérêts de ce pays et qui ne fut pas entaché par les passions politiques, que cette preuve d'une reconnaissance sincère pour le pays qui lui a donné asile, pouvait mettre notre nom au niveau de celui d'un concessionnaire anglais.

C'eut été un titre de gloire pour nos nationaux et un souvenir impérissable du dévouement de l'émigration polonaise pour la France.

Nous avons cru encore que le nom de notre famille, dévouée d'une manière traditionnelle aux intérêts de la France, plaiderait notre cause éloquemment (1).

---

(1) Mon père, Stanislas Jablonowski, plus tard lieutenant-colonel de l'armée française, n'a-t-il pas défendu, au peril de sa vie, lui cinquième, lui étranger, le drapeau français et la vie de Bernadotte, ambassadeur français à Vienne, attaqué dans son hôtel par la population de cette ville?

Son cousin-germain, Ladislas Jablonowski, mort à Saint-Domingue, général de la République française dans l'expédition du général Leclerc, élevé en France, sous les auspices et aux frais de sa cousine royale Marie Leszczynska, officier de la maison militaire de Louis XVIII, n'a-t-il pas défendu la royauté au prix de son sang? Et, plus tard, en Italie, revenu sous les ordres de son condisciple de Brienne, Bonaparte n'a-t-il pas, par des prodiges de bravoure, étonné l'armée et donné une preuve mémorable de son énergie en faisant, à Livourne, monter les régiments polonais, au chant de : *La Pologne n'est pas encore perdue*, sur les vaisseaux de l'expédition de Saint-Domingue, pour donner l'exemple aux troupes françaises mutinées, qui refusaient de suivre les ordres d'embarquement, et que le général Leclerc, appuyé par le général Jablonowski, faisait décimer et monter ensuite les vaisseaux en partance.

Mon grand-père, Félix, grand quartier-maître de la couronne (*Obozny Wielki Koronny*), n'est-il pas tombé, victime de l'enlèvement et de l'assassinat, au moment où, chef du parti français, il obtenait du roi Stanislas, son malheureux ami, le bâton du Grand Hetman, pendant l'agonie du vieux Branicki, à Bialystok, charge qui tomba, après ce crime, entre les mains intéressées à la ruine de la Pologne et vendues à la Russie, du fils adoptif de ce dernier?

Mes efforts politiques personnels, tout désagréables qu'ils sont peut-être à une certaine partie du public français qui veut envisager la question polonaise telle qu'elle était il y a vingt ans, n'est-elle pas une preuve encore de mon sincère désir d'unir les intérêts transformés de la France et de la Pologne sur des bases nouvelles qui répondent aux nouveaux besoins de ces deux nations? Depuis dix ans, je répète partout, dans mes écrits français et polonais, dans les journaux et dans les salons : « Que la société civile polonaise est dissoute du moment où les » gouvernements étrangers et la démagogie polonaise en France ont élevé, entre » la noblesse patriotique et libérale et les paysans passionnés et illettrés, un antagonisme et une lutte funestes. Si la noblesse polonaise s'insurge, comme elle » l'a faite à plusieurs reprises, elle sera égorgée aujourd'hui d'un bout de la Pologne à l'autre, comme cela a eu lieu en Gallicie en 1846. Les Polonais ne peuvent donc pas bouger, vous l'avez vu en 1848. N'y comptez donc pas et ne les

Toutefois, malgré la conviction d'avoir toujours bien mérité du Gouvernement français, nous voulons ôter même ce genre d'empêchement à la réalisation d'une entreprise si éminemment utile et nationale. Notre nom va donc dorénavant disparaître complétement des documents légaux de cette entreprise et de la future concession que vont demander maintenant en leur nom des hommes respectables, présentant toutes les garanties nécessaires et s'étayant de nos droits acquis d'auteur et de la priorité bien constatée de plus de neuf ans, dans la demande en concession quant aux docks, pivôt de cette entreprise, et sans lesquels tout le reste ne pourrait être commencé.

FIN DE L'EXPOSÉ DES TRAVAUX.

Nous renvoyons nos lecteurs, quant à ce qui touche les Statuts de la Compagnie des *Bouches-du-Rhône*, aux exemplaires de la première édition. — En voyant la nécessité de publier au plus vite cette seconde édition et d'y joindre les notes qui suivent, nous nous sommes vu obligé de renoncer, cette fois, à la publication des *Statuts*, qui sont, du reste, entre les mains de tous les intéressés, et que l'administration provisoire fournira, imprimés à part, à toutes les personnes qui voudront les posséder.

» y poussez pas, car ils seraient anéantis sous les couteaux des paysans, et la » France perdrait le seul élément de son influence dans le Nord. Aujourd'hui, nous » Polonais, nous sommes obligés de nous rallier à la Russie. Nous le pouvons » honorablement, en nous souvenant de notre origine commune des Slaves. Que » la France ne s'y oppose pas. C'est grâce à l'influence que peut exercer près du » trône slave des Romanoff cette population catholique et attachée à la France, » par ses souvenirs et par ses intérêts, que l'alliance entre la France et la Russie » peut prendre un caractère de franchise nécessaire et produire des résultats » admirables que la plus grande partie des hommes d'État français et même une » partie du public intelligent comprennent déjà parfaitement. »

N'est-ce pas la meilleure preuve du dévouement traditionnel de ma famille pour la France ? Ne serait-ce pas le cas de donner ouvertement un appui indirect à cette nouvelle doctrine politique, en reconnaissant le dévouement de l'écrivain qui, malgré les cris inintelligents, malgré les persécutions des trois intéressés dans cette question, des Polonais patriotes peu éclairés, du gouvernement russe dirigé par les Allemands et d'une certaine administration française, ose soutenir cette doctrine nouvelle, mais indispensable ?

HISTORIQUE

DES

SYSTÈMES DIVERS D'ASSAINISSEMENT DU PORT DE MARSEILLE

Publiée par le JOURNAL DES TRAVAUX PUBLICS.

Ainsi que l'a dit l'auteur, dans son *Exposé des Travaux* (seconde édition, p. 5), le comte Jablonowski conçut son projet d'assainissement à son passage à Marseille, en 1838, et le communiqua alors à M. Legrand, auquel il fut présenté par le prince Czartoryski.

Ce système consistait, comme on le sait, dans un canal de ceinture sous le quai existant et qui, d'un côté, interceptait les ruisseaux de la ville, et de l'autre, par des déversoirs pratiqués le long de sa paroi extérieure, donnait l'écoulement aux eaux croupies du port; une pente conduisait toutes ces masses fécales dans le fossé Saint-Jean et de là dans la rade. Depuis la création du port de la Joliette, M. Jablonowski a changé la direction de son canal; ce n'est que dans l'année 1840 que M. Galy-Cazalat arriva avec un projet analogue de canal-égout sous le quai. Il proposait seulement, au *Goulet*, l'établissement d'un genre de *turbine* horizontale qui devait rejeter les immondices dans la rade et faire arriver dans le port l'eau pure de la rade. Ce système, on s'en souvient, fut alors fortement prôné par les journaux et appuyé par le gouvernement. Pourtant son projet fut mis de côté, et cela non-seulement à cause de la question financière que M. Galy-Cazalat ne tâchait nullement de résoudre, mais encore parce que sa turbine ne pouvait avoir assez de force pour renouveler l'eau de la mer en quantité suffisante, produire un effet sensible sur la salubrité du port et enlever la quantité énorme des masses fécales de la ville.

Le célèbre ingénieur marseillais, M. de Montricher, avait alors proposé à son tour, lui aussi, un canal circulaire sous le quai, mais c'est l'eau douce de la Durance, devant y être amenée à grands frais, qui devait assainir et nettoyer ces égouts. — Ce système reçut son application partielle par l'exécution du canal de la Durance qui amena à Marseille une grande quantité d'eau douce. On espérait que c'était suffisant pour faire renouveler les eaux croupies du port. Le résultat fut totalement opposé. Les eaux de la Durance, qui s'en vont *en robinets* pour tomber dans le port après avoir balayé une partie de la ville, non-seulement n'ont fait qu'amener dans le port une plus grande masse d'ordures, mais encore le contact de l'eau douce avec l'eau de mer produisit des exhalaisons encore plus fétides et plus délétères que par le passé.

La ville s'est trouvée alors, il est vrai, en possession d'une assez grande quantité d'eau douce dont elle manquait, mais en même temps elle s'est vue obérée par une dette énorme, et son port devenait plus pestilentiel que jamais. Pendant tout ce temps-là, le projet de M. Jablonowsky était dédaigné.

MM. Clément et Barbantane arrivèrent alors, en 1850, en offrant d'exécuter un système d'assainissement, *à forfait*, pour une somme ronde de *cinq millions* à mettre à la charge, soit de l'État, soit de la ville.

Leur système a de commun avec celui de MM. Jablonowski, Montricher et de Galy-Cazalat le *canal-égout* sous le quai existant. Ils proposent quelque chose de pareil au tube qui conduit les matières fécales de la ville de Paris dans la forêt de Bondy. Seulement, tandis qu'à Paris il ne s'agit que des produits des vidanges et d'équarrissage, à Marseille il faut appliquer ce système à tout le débit des ruisseaux de la ville. Ces messieurs veulent élever à une certaine hauteur toutes ces masses, augmentées d'une quantité de l'eau croupie du port, et rejeter tout cela à 7 ou 8 mille mètres plus loin, dans l'anse de Mondredon, beaucoup plus éloignée que l'anse des Catalans, où M. Jablonowski conduit le débouché de son canal. Il est vrai que MM. Clément et Barbantane veulent diminuer les masses fécales de la ville charriées dans le vieux port, en coupant les ruisseaux des hauts quartiers et en les conduisant par une pente dans la rade. Mais, dans ce cas, il y aurait à commencer bientôt l'assainissement et le curage du port de la Joliette, nouvellement construit, ainsi que des ports dont la rade pourrait être dotée dans l'avenir, soit selon le projet Jablonowski, soit selon les projets dits de l'*Anse d'Arrenc*. A part cet inconvénient extrêmement grave, à part les difficultés de la base financière, qui met à la charge de l'État ou de la ville 5 millions de dépense, et, par suite, les frais énormes de l'entretien de ce système qui peuvent se monter, assurément, à 40 ou 50,000 fr. par an (1,200 à 1,500 chevaux de vapeur), ce projet remédie fort peu au renouvellement de l'eau croupie du port et à l'enlèvement des immondices de la ville. Qu'est-ce que 2 mètres cubes par seconde, en face des 9 mètres cubes par seconde admis par M. Jablonowski pour le débit des 32 ruisseaux de la ville et des 1,500,000 mètres cubes de la capacité du port?

Dans le système Jablonowskl, nous voyons toutes les difficultés écartées :

Les dix millions nécessaires, M. Jablonowski les trouve sans rien demander ni à l'État ni à la ville. — Il dote lui-même sa machine à perpétuité. — Sa machine aussi n'est que de 40 chevaux, quoique la Compagnie soit assez riche pour donner le double et le triple s'il le fallait.

Il rejette 9 mètres cubes des ordures de la ville et 11 mètres cubes de l'eau croupie du port.—Il croit pouvoir renouveler, toutes les vingt-quatre heures, à peu près tout le contenu des eaux du port ; chose qui l'intéresse d'autant plus que le courant, produit ainsi et venant de la pleine mer, profitera aussi à son quartier des docks.

Par quel miracle peut-il obtenir ces résultats immenses avec une force de 40 chevaux ? — Par un miracle de logique.

C'est que, dans son système, il n'élève pas l'eau, comme le font MM. Clément et Barbantane ; toute la masse du liquide fournie par les égouts et par les déversoirs du côté du port est conduite par une pente jusqu'au débouché du canal dans la mer.—Le contenu du *canal-égout* se remplit au niveau exact de la mer.— Les minces palettes de la turbine de M. Jablonowski, dont chacune représente et qui occupe *toute la section du débouché,* séparent seulement la mer du contenu du canal.

La machine à vapeur, en donnant le mouvement de rotation à une roue pareille, n'a à vaincre que la résistance d'inertie de l'eau de la mer, tandis que les palettes immergées reçoivent immédiatement le choc du contenu du canal produit par la pente et par la pression atmosphérique sur le niveau du canal.— Le choc des vagues de la pleine mer est écarté par la position du débouché.

M. Jablonowski assimile le transvasement du *liquide* selon son système à la traction perfectionnée des *solides* sur les chemins de fer.—En effet, il faut cent fois plus de force pour élever une pesanteur à une certaine hauteur et la lancer dans l'espace, qu'il n'en faut pour lui faire parcourir ce même espace sur les rails d'un chemin de fer. Cette comparaison parlera vivement aux yeux et à l'intelligence du lecteur, auquel nous ne voulons pas soumettre un étalage aride des équations et des chiffres.

Ce qu'il y a de certain c'est que, dans le cas le plus désavantageux, dans le cas où le choc du contenu du canal produit par la pente serait nul, dans le cas où la forme brisée en guise de proue n'influerait nullement sur le mouvement de rotation du *moulinet hydraulique,* il est rigoureusement certain que la force nécessaire pour déplacer le volume d'eau contenue entre les palettes submergées ne peut être plus élevée que celle qui est nécessaire à la *traction* de ce poids comme *solide.*

Dans le système Barbantane, il faudrait pour cela une force capable d'élever ce poids à la hauteur de 7 ou 8 mètres!!! Voilà la différence entre les deux systèmes.

L'immensité de la section du canal au débouché constitue la *raison déterminante* de la quantité de liquide transvasé. — La section de 8 mètres de profondeur sur 6 de largeur permet, avec un mouvement de rotation de 50 centimètres par seconde, d'arriver à un débit de 24 mètres cubes par seconde !...

Il y a là, rien que dans le système de transvasement proposé, tout un monde d'expériences théoriques nouvelles à entreprendre, et que M. Jablonowski signale à l'attention du monde savant.

Ce système constitue réellement une invention, mais d'une simplicité et d'une logique si rigoureuse que l'esprit le plus prévenu et le plus récalcitrant ne trouvera pas matière à des observations contradictoires.

A. Sellier.

APPENDICE.

Pendant que le public, empressé de connaître à fond notre admirable entreprise, épuisait la première édition de ce livre et nous obligeait de préparer celle-ci, un événement que personne ne pouvait prévoir dans ce pays de loyauté, de la civilisation et de respect pour la science, est venu nous frapper dans nos intérêts et dans notre gloire!... La ville de Marseille, contrairement à tous ses intérêts moraux, commerciaux et financiers, est venue demander pour son propre compte, au gouvernement impérial, la concession de théorie des docks et des conquêtes sur la mer, ainsi que des bases financières, produit de notre intelligence, devenu propriété de nombreux individus qui ont voulu, dans l'intérêt général aussi bien que dans celui de leur propre avenir, sacrifier pendant des années leurs soins et leur fortune à la réussite et à la propagation des idées et des projets que nous venons d'exposer.

Voici les termes mêmes de la convention passée, selon les journaux de Marseille et de Paris, entre M. le maire de Marseille et M. Frémy, conseiller d'Etat en mission dans le midi de la France :

« L'État cède à la ville :

» 1° Tous les terrains du Lazaret, de la Joliette et d'Arrenc conquis et à conquérir sur la mer, en se réservant 25,000 mètres de surface pour y établir une manufacture de tabac et une caserne de douane ;

» 2° Il accorde en outre à la ville de Marseille la faculté de construire un ou deux docks à sa volonté, et de traiter avec les compagnies qui offriront de les exécuter ;

» 3° Dans le cas où les docks pourraient être établis sur les môles de la Joliette, la concession de ces môles serait faite à la ville pour une durée de quatre-vingt-dix-neuf années ;

» 4° L'État se réserve la réglementation des tarifs des docks ;

» 5° Il fera à la ville l'avance de 1 million 500,000 francs à prendre sur les budgets de 1853 et 1854.

» La ville s'engage :

» 1° A vendre tous les terrains concédés dans le plus bref délai possible ;

» 2° A fournir sur le prix de ces terrains 4 millions pour le port d'Arenc, 4 millions pour les travaux de déblaiement et la mise en état des terrains du Lazaret, 3 millions pour la construction de la cathédrale, 500,000 francs pour le nouveau lazaret du Frioul ; enfin 2 millions pour l'assainissement du port.

» Ces différentes sommes seront fournies par annuités de cinq, six et dix années, suivant le plus ou le moins d'urgence nécessitée par l'exécution des travaux.

» La ville s'engage encore à faire une avance de 1 million 500,000 francs, somme à laquelle, dans tous les cas, elle limite son sacrifice. En outre, elle devra, dans le délai d'un an, présenter, soit un projet de traité avec une compagnie, soit enfin un projet de mise en adjudication.

» Après l'exécution des travaux, si la vente des terrains laisse des excédants, l'État d'abord, puis la ville de Marseille, se rembourseront de leurs avances. Si ces excédants s'élèvent à une somme supérieure à celle que représenteraient les remboursements mentionnés, le surplus sera employé, dans la commune de Marseille, à des travaux d'utilité publique. »

Nos lecteurs peuvent juger par eux-mêmes et par les termes et le sens de cette convention que le système convoité par la ville de Marseille n'est que la reproduction exacte, quoique la mieux voilée possible, du système présenté par la Compagnie en formation *des Bouches-du-Rhône ;* système dont les théories scientifiques et financières n'ont jamais été ni connues ni résolues soit dans la science, soit dans la pratique, mais qui ont été inventées une à une, combinées et réunies dans un vaste ensemble financier par l'auteur de ces projets et organisateur de la Compagnie.

En effet, M. le maire ne demande-t-il pas la concession *des terrains à conquérir sur la mer à côté du port de la Joliette et de l'anse d'Arrenc?* et cela sans préciser les limites de ces terrains, comme on peut le voir, n'est pas la reproduction de l'article Ier de demande en concession. Où est l'auteur, où est le livre scientifique qui donnent l'idée d'une pareille conquête sur la mer? Qui a enseigné l'art de bâtir une ville sur empierrement? N'a-t-on pas assez tourné en ridicule l'auteur de cette idée (voire même le *Rapport du préfet des Bouches-du-Rhône au Gouvernement* sur mes offres faites au mois de décembre dans la lettre citée plus haut)?

Dans la concession de M. Frémy, n'y est-il pas question *des docks coulés en mer sur des môles avancés dans la rade autant que possible?* Pourquoi ne pas dire ouvertement : « Nous concédons » à la ville de Marseille les docks construits suivant le système » Jablonowski? » Où est l'auteur ou l'ingénieur qui ait eu l'idée de couler en mer les docks au lieu de les creuser selon le système anglais usité et connu seulement? Qui a compris avant nos publications l'économie immense de ce mode de construction des docks et les avantages qui en découleraient pour les tarifs de ces entrepôts?

Qui donc a donné l'idée de couvrir les frais de l'assainissement du vieux port par les bénéfices de la vente des terrains conquis sur la mer?

Depuis quand la ville de Marseille a-t-elle eu la générosité de se mettre à la discrétion de l'Etat, quant aux tarifs des docks? N'a-t-elle pas envoyé deux députations à l'Empereur, l'une de la *Municipalité*, l'autre de la *Chambre du Commerce*. et qui toutes deux avaient pour mission spéciale d'obtenir *les tarifs élevés*, et très-élevés! Depuis quand la ville veut-elle prendre à son compte les millions nécessaires pour la cathédrale, quoiqu'elle laisse encore les dépenses pour le palais impérial à la charge des autres? Après avoir pris toutes nos idées, la ville de Marseille devrait prendre aussi celle de payer les frais de ce palais sans les laisser à la charge du pays.

Toutes ces idées, toutes ces théories scientifiques et toutes ces bases financières sont-elles venues pousser tout d'un coup et toutes seules dans la tête des administrateurs de cette ville, sans que nos efforts près du public et près du Gouvernement, sans que notre peine et notre argent y soient pour quelque chose?

Nous sommes désolé aussi de prendre à partie ici M. Frémy

lui-même sur ce sujet important, et nous nous étonnons de voir son nom figurer au bas de cette concession.

N'est-ce pas lui qui, lors de la visite que nous avons eu l'honneur de lui faire en lui adressant l'hommage de notre projet de FUSION, a déclaré positivement avoir au sujet des docks des idées tellement arrêtées, qu'il refusait de signer le rapport de la Commission chargée *au ministère de l'agriculture* de l'étude de cette question, et dont il faisait partie : parce que ce rapport avait des conclusions contraires à ses idées.

Ces idées, M. Frémy a eu la gracieuse bonté de nous les communiquer. *Il ne comprenait pas, disait-il, qu'on pût réunir l'entreprise des docks avec d'autres spéculations, et qu'il fallait, selon lui, que les docks payassent les docks.* M. Frémy n'a pas été ébranlé alors par mon objection que, dans ce cas, les tarifs de ces docks seraient nécessairement très-élevés ; et pourtant, six semaines plus tard, M. Frémy donnait mes idées en toute propriété à la ville de Marseille, et étayait la construction des docks avec la spéculation industrielle de la création et de la vente des terrains à conquérir sur la mer ! ! M. Frémy, si inébranlable au sein d'une Commission, n'aurait-il pas dû être le dernier à signer cette convention *si contraire à ses opinions arrêtées* au sujet des docks, et qui dépouille de leur propriété et de leur avenir de nombreux intéressés.

Voici la protestation que nous avons cru devoir publier dans tous les journaux à l'occasion de cette spoliation :

« Monsieur le rédacteur,

« Vous avez publié la convention passée, selon le *Courrier de Marseille*, entre M. Frémy et le maire de Marseille, qui concède à cette ville la création des docks.

» Certes, quelque incontestable que soit le droit du gouvernement de se saisir pour son propre compte des projets présentés par l'industrie privée, il n'en est pas moins vrai, d'un autre côté, que les règles les plus élémentaires de la moralité publique et du droit de la propriété défendent à un concessionnaire de s'emparer des bases financières et théoriques de son concurrent.

» Eh bien ! il est évident que la ville de Marseille, tout en imposant à l'Etat des charges que nous ne lui demandons pas, s'empare de notre idée *des conquêtes sur la mer, des docks coulés en mer et de l'idée de couvrir les frais de l'assainissement du vieux port par les bénéfices de la vente des ter-*

rains conquis sur la mer. Cette théorie et ces idées inconnues dans la science sont la propriété exclusive de la Compagnie en formation des Bouches-du-Rhône. Pendant neuf ans, on a regardé à Marseille ces idées comme parfaitement ridicules, et lorsqu'après des dépenses considérables de temps, de peine et d'argent, nous sommes parvenu à démontrer leur excellence, la ville intervient et veut s'en emparer!

» La ville de Marseille s'impose, de cette manière, de lourdes dettes et charges, ainsi qu'elle les impose à l'Etat; elle empêche, en mutilant nos projets, la mise en culture des trois cent mille hectares du Delta du Rhône; enfin, elle ôte à l'Etat un moyen merveilleux de développer la puissance maritime de la France sur la Méditerranée

» En même temps, ce serait encore une perte infligée à de nombreux intéressés dans cette affaire, qui ont fait apport de leur argent et de leur intelligence dans l'organisation d'une compagnie industrielle.

» Et ceci aurait lieu justement au moment où une réunion de capitalistes anglais veut donner l'initiative à cette affaire et s'engager vis-à-vis la Compagnie des Bouches-du-Rhône à couvrir la totalité de son capital de **340** millions, en déposant de suite 10 *millions* de cautionnement et en abandonnant, *sauf un minimum de cent millions*, ce qu'il faudra à la souscription française.

» Dans cette position, placé entre l'inconvénient de traiter avec la municipalité de Marseille des questions qui intéressent la France tout entière et le danger de sacrifier les intérêts financiers qui ont eu foi dans mes efforts; plein de confiance dans la justice de l'Empereur qui aura à ratifier la convention passée entre M. Frémy et le maire de Marseille, nous réclamons ici publiquement, au nom de nombreux interressés, contre l'atteinte portée par la ville de Marseille aux droits les plus sacrés de la propriété intellectuelle et d'une compagnie industrielle.

» Comte VENCESLAS JABLONOWSKI,

» Auteur des projets et organisateur de la Compagnie, en formation, des *Bouches-du-Rhône*, 72, faubourg Saint-Honoré. »

Maintenant, que nous reste-t-il à faire? Rien de plus que ce que nous avons fait: Nous devons attendre avec confiance et patience. N'avons-nous pas pour nous la conscience de l'Empereur, si jaloux de sa gloire et si connu par la générosité et l'équité de son cœur, équité, générosité qui sont encore et qui doivent être le caractère de son pouvoir sans bornes dans l'Etat.

N'avons-nous pas pour nous les sympathies du public et la

loi du pays? Le conseil d'Etat qui donnera son avis sur ce projet de concession, et la Chambre législative qui aura à autoriser les insensés emprunts de la ville de Marseille qui menaceraient l'avenir de la Ville et qui donneraient satisfaction aux mauvaises passions et aux jalousies locales, au détriment des intérêts généraux du Trésor public et de la gloire du règne de Napoléon III?

N'aurons-nous pas pour nous le patriotisme connu de Son Excellence M. Ducos, ministre de la marine, qui verra dans l'anéantissement de nos projets celui des merveilleux moyens du développement des ressources maritimes de la France? N'aurons-nous pas enfin Son Excellence M. Bineau, ministre des finances, qui verra le budget de 1854 grevé par des charges considérables du projet Frémy en place des immenses avantages pour les revenus de l'Etat que lui offre notre Compagnie dans le présent et dans l'avenir.

Il nous reste seulement un mot à ajouter sur les torts que la ville de Marseille se fait de plusieurs manières à elle-même, en s'emparant de nos projets pour son propre compte.

Nous ne parlerons pas ici des torts moraux que nous avons signalés déjà dans notre lettre publiée plus haut à M. le préfet des Bouches-du-Rhône, et qui, cette fois, seraient singulièrement aggravés ; mais nous voudrions que la ville comparât les bénéfices plus que problématiques de l'opération du terrain à conquérir, telle qu'elle est présentée par la convention de M. Frémy ; avec les bénéfices certains que nous lui offrons et qui viendraient se joindre à ceux qui résulteront naturellement pour les finances de la municipalité, et sans bourse délier, de l'agrandissement du territoire de la ville, des propriétés bâties, de la consommation et du mouvement commercial.

La ville de Marseille est-elle bien certaine de couvrir la dette des 40 à 45 millions qu'elle sera obligée de contracter par la vente des terrains qui n'auront pas le privilége de la *franchise de port* que nous sollicitons, privilége indispensable pour attirer une population considérable sur ce terrain excentrique et exposé aux intempéries de la mer.

Si la ville veut maintenir les prix de ces terrains au taux de ceux sur le vieux port, il y a fort peu de monde qui aura un intérêt immédiat d'émigrer au nord de la ville.

D'un autre côté, si la ville baisse considérablement les prix de ces terrains elle ruinera les propriétaires sur le vieux port.

Dans nos projets, au contraire, nous attirons, par la puissance de nos capitaux et de nos privilèges, une population toute nouvelle et exotique, tandis que, dans le projet de M. Frémy, la municipalité ne fera que plumer ses propres concitoyens.

Les dangers de mer dans tous les ports et créations dans la rade de Marseille sont des plus évidents. Nous n'avons pas eu la faiblesse et la prétention de vouloir prouver que notre quartier des docks serait à l'abri des coups de vent du nord dont les dangers, dans ces parages, sont trop connus de l'univers entier pour qu'un article de journal puisse ajouter ou ôter quelque chose aux données si connues à ce sujet parmi tous les marins. Nous n'avons pas osé dissimuler ces dangers; nous les avons signalés nous-même à nos lecteurs et au Gouvernement impérial, mais en même temps nous nous sommes offert de porter un remède héroïque et radical à cet horrible et désastreux inconvénient. Nous nous sommes engagé à construire, dans un temps donné, une immense jetée partant de l'ile de Ratonau, pareille à celle de Cherbourg et d'Alger et qui couvrirait un espace capable de donner refuge aux flottes réunies de l'Europe entière. La ville de Marseille pourra-t-elle jamais posséder les ressources de 20 à 30 millions nécessaires à cet effet? Incapable d'exécuter ce projet, indispensable pour le quartier à gagner sur la mer et dont la Compagnie des *Bouches-du-Rhône* peut se charger dans l'avenir, la ville de Marseille, une fois les nouveaux quartiers qu'elle convoite exécutés, n'aura pas de cesse et de repos avant qu'elle ait obtenu de l'Etat l'exécution de cette jetée aux frais du Trésor public.

Aujourd'hui M. le Préfet des Bouches-du-Rhône, à la sollicitation des autorités municipales, proscrit sévèrement les journaux qui osent signaler ces dangers *et diminuer ainsi la valeur du terrain du quartier projeté;* plus tard, chaque coup de vent, chaque malheur isolé arrivé dans la rade et dans les nouveaux quartiers seront des prétextes pour signaler ces dangers au Gouvernement et pour lui demander le sacrifice des millions à enfouir dans la rade; alors on punira peut-être à Marseille les journalistes qui voudront calmer les alarmes exagérées et défendre les écus de la France.

La ville de Marseille veut traiter avec les compagnies qui se présenteront pour l'exécution de ces travaux. Pourquoi ne laisse-t-elle pas l'Etat décider et traiter ces questions avec les compagnies? Dans ces questions il ne s'agit pas seulement des intérêts de la ville de Marseille, il s'agit encore davantage des intérêts de la France toute entière.

On peut s'étonner à bon droit pourquoi les autorités de la ville de Marseille repoussent les bénéfices certains pour les finances de la Ville et obtenus sans aucun genre de déboursés et d'engagements financiers, et pourquoi elles préfèrent les bénéfices moins considérables, faits avec des chances de pertes, en endettant la ville au-dessus de toute mesure, et en faisant contribuer l'Etat pour une somme considérable; lorsque nous, nous ne demandons au Gouvernement aucun sacrifice d'argent, et, qu'au contraire nous lui abandonnons un tiers de nos bénéfices nets qui peuvent monter, pour le compte de l'Etat, à beaucoup plus de trois milliards, en lui laissant, après les quatre-vingt-dix-neuf années de privilége, un avoir considérable d'une vingtaine de millions de revenus, et après lui avoir tiré du néant, du fond de la mer et des marais, des propriétés immobilières imposables et productives de plusieurs milliards de valeur!

Il est à remarquer que le genre des bénéfices que nous offrons à la ville éloigne des opérations industrielles les autorités municipales, tandis que la concession Frémy les force au contraire et les expose à traiter elles-mêmes de toutes ces affaires d'argent, des emprunts à contracter, des marchés à faire et à signer, des tarifs à percevoir, opérations qui ne peuvent qu'être très-délicates et être à charge à ces honorables magistrats qui devraient en être le plus éloignés possible, ayant le devoir de les surveiller et de les contrôler de loin, dans l'intérêt de la moralité publique et de leurs concitoyens intéressés dans ces opérations.

La concession de M. Frémy soulève encore une question de droit public et d'intérêt social autre que celle de la propriété intellectuelle et industrielle, atteinte en notre personne et que nous ne voulons pas défendre ici, étant une question qui nous est personnelle et que d'autres, esprits élevés et cœurs généreux, sauront mieux défendre que nous.

La question dont nous parlons est celle-ci : *A quel point les communes et municipalités peuvent-elles exercer pour leur propre compte le commerce d'entrepôt, en soumissionnant la construction et en sollicitant la concession des docks ?*

La concession des docks de Marseille, octroyée une fois à la ville de Marseille, servirait de précédent pour la France entière. L'établissement des entrepôts maritimes et intérieurs doit se développer bientôt sur toute la surface du pays. C'est le complément obligé du système de crédit inauguré par l'Empereur pour les propriétés immobilières. L'industrie a besoin aussi des institutions de crédit. Ce que le *Crédit foncier* est pour la propriété immobilière, les *Entrepôts* le sont et le seront pour l'industrie.

La ville de Paris, la première, aurait alors le droit de réclamer les docks pour son compte et de profiter de la mauvaise position dans laquelle se trouvent, dit-on, *les Docks Napoléon* et que nous seul pourrions sauver et employer utilement (*Voir plus loin le projet de fusion*).

Les autres villes et communes industrielles suivraient bien vite cet exemple. Voilà donc une lice ouverte à la lutte des *Municipalités* contre l'industrie privée et le premier pas de leur pression sur le Gouvernement. Toutes les Banques et Bazars d'Echange selon le système Proudhon (1) en tressailliront d'aise. La première commotion populaire venue, ce dont Dieu garde la France ! les entrepôts devenus *propriétés municipales*, seront la proie légale des utopistes qui veulent renverser toutes les bases de la société chrétienne et civilisée. La convoitise administrative des municipalités aura applani la voie des envahissements du communisme sur l'industrie privée, car le système de l'entrepôt n'aurait pas, au jour du danger, aucun genre d'appui et de protection dans l'intérêt individuel et immédiat des masses propriétaires. Les entrepôts et les docks seront livrés nécessairement au gré des passions du *tohu-bohu* des novateurs, au plus grand détriment des municipalités qui seront alors punies du peu de respect qu'elles auraient eu aujourd'hui pour l'industrie privée.

Ces aperçus nous suffisent. Nous les livrons à la méditation des hommes d'Etat et de tous les hommes de bien et de con-

(1) Nous ne parlons pas ici des entreprises honorables, prudentes et philanthropiques qui ont été essayées depuis quelques temps, sous le drapeau de l'échange, et qui n'ont pas pour but la folie criminelle et impossible de détruire ou de dénaturer la valeur des signes représentatifs.

science; nous écartons toutes les considérations puisées dans notre intérêt particulier et personnel d'inventeur lésé, de réfugié sans protection, et dans celui des nombreux intéressés qui ont sacrifié leur argent en croyant servir la France et faire la fortune de leurs enfants; car nous savons qu'il y a une moralité dans ce monde et un Code Napoléon en France; car nous savons aussi qu'il y a dans ce pays un trésor de noblesse et d'équité enfoui au fond de ses millions de cœurs; car nous savons que nous aurons pour nous la conscience du public, le conseil d'Etat, la Chambre législative et l'Empereur au noble cœur et aux larges idées, jaloux de sa gloire et de la prospérité de la France!

PROJET DE FUSION

ENTRE

LES DOCKS GÉNÉRAUX DE M. PÉREIRE

LES DOCKS DE PARIS

ET LA COMPAGNIE DES BOUCHES-DU-RHONE

Du Comte VENCESLAS JABLONOWSKI

MÉMOIRE

ADRESSÉ

A M. HEURTIER, président de la Commission pour la question des Docks,

Conseiller d'Etat, Directeur du Ministère de l'Agriculture et du Commerce.

MONSIEUR,

Les projets partiels et locaux des différents Docks, une fois soumis à l'appréciation préliminaire des principes généraux qui doivent présider à la création de ces Etablissements, la Commission dont vous êtes Président, Monsieur, appelée par le gouvernement de Sa Majesté à décider sur cette question, vient de se trouver définitivement en face des deux alternatives, des deux systèmes généraux qui semblent s'exclure et se combattre réciproquement.

D'un côté, c'est la *Compagnie des Bouches-du-Rhône* qui veut développer jusqu'à sa parfaite plénitude le système français d'entrepôts, adaptés spécialement aux besoins du *transit international*, branche négligée complétement de la richesse publique et qui peut maintenant être développée, grâce à la canalisation projetée du Rhône, et être complétée par la *franchise de port* demandée pour un nouveau quartier de la ville de Marseille.

Ce système d'entrepôts, grâce à la combinaison financière présentée par la *Compagnie des Bouches-du-Rhône*, offre principalement les deux avantages suivants :

1° Que la création de ces Entrepôts et leur existence sont basées sur la valeur des propriétés immobilières et territoriales qui viennent, dans cette opération, prêter un appui généreux à l'Industrie, à la Marine et au Commerce ;

2° La modicité des Tarifs. — Tarifs que cette Compagnie regarde seulement comme un appoint presque minime de sa fortune et de son revenu. — Vous savez, Monsieur, que la *Compagnie des Bouches-du-Rhône* se met sur ce point, complétement à la discrétion du Gouvernement de Sa Majesté et qu'elle admet la base générale de la moitié des prix de Londres, en s'engageant même à baisser ses Tarifs ainsi établis, à mesure que les Docks étrangers voudront lui faire concurrence.

Il est vrai que la combinaison de cette Compagnie isole complétement les Docks de Marseille des Etablissements analogues dans d'autres ports et villes de France, auxquels elle laisse les *coudées franches*, mais elle rattache à la ville de Marseille tous les autres intérêts publics du pays. Il en est autrement avec le système présenté par la *Compagnie des Docks généraux*.

Son idée est de créer un seul et unique système d'Entrepôts pour la France tout entière ; — d'établir les bases financières des Docks sur les ressources et les fluctuations du crédit public, et en rattachant les opérations de cette Compagnie à la hausse et à la baisse des fonds à la Bourse. En soudant l'administration des Docks à l'administration du *Crédit mobilier*, la *Compagnie des Docks généraux* veut faire dépendre tout le mouvement du commerce intérieur et extérieur, toute l'industrie française, ainsi que le salaire de la population ouvrière, du système d'entrepôts placé sur ces bases-là.—Car, il ne faut pas s'y tromper, c'est là la portée des Docks généraux.

Comme l'un des avantages apparents de cette combinaison, on présente l'unité des Tarifs de tous les Docks de France, lesquels, créés isolément, doivent nécessairement présenter des Tarifs qui seront en rapport des dépenses faites et des besoins, des facilités maritimes et industrielles de chacune de ces localités.

Nous ne pensons pas que cette unité de Prix et de Tarifs soit réellement un avantage pour le Public et pour le Gouvernement. La plus grande partie des Chambres du Commerce en a fait sentir les inconvénients pour les localités dont on met ainsi en cause les intérêts et dont on annule les avantages locaux.—D'un autre côté, le commerce général trouve toujours un genre de stimulant et d'activité dans le jeu des combinaisons qui dérivent de la diversité des prix et des avantages qu'offrent les différentes localités du littoral et de l'intérieur du pays.

Nous pensons que si l'unité des Tarifs pour les Docks de la France entière pouvait être une chose désirable, c'est au cas seulement où il y aurait *uniformité dans les bas prix*, comme les nôtres par exemple, tandis qu'il est évident que la *Compagnie des Docks généraux*, qui n'a pas les ressources que possède la *Compagnie des Bouches-du-Rhône*, ne peut créer que l'*égalité des Tarifs élevés et même très-élevés*.

Oui, les Tarifs des *Docks généraux* ne peuvent qu'être très-élevés ; partant, il y a perte non-seulement pour le système général d'entrepôts français, auxquels l'étranger pourra faire une puissante concurrence, mais on lésera encore visiblement les intérêts des localités qui peuvent établir des Tarifs à leur avantage et au détriment des Docks étrangers, comme cela a lieu à Marseille, selon les projets de la *Compagnie des Bouches-du-Rhône*.

Les résultats fatals des Tarifs élevés pour les Docks français seraient d'autant plus immanquables et d'autant plus pernicieux, que les auteurs des projets de la *Compagnie des Docks généraux* veulent se lancer dans l'immensité de l'inconnu, dans les dangers de la mobilisation du crédit industriel et manufacturier, en faisant de l'administration des Docks une *Banque* sur dépôt des matières brutes et fabriquées; un genre de *Mont-de-Piété*, caractère de l'institution, qui déconsidérera tout entrepositaire sérieux.

Les auteurs du projet des *Docks généraux* ne se contentent pas de bâtir les Docks et d'emmagasiner les marchandises, non; ils veulent encore avoir le droit de faire des avances d'argent sur garantie des dépôts et d'émettre sur la place l'équivalent de valeurs de crédit, ayant caractère des obligations du crédit foncier et du crédit mobilier.

Cette Compagnie veut donc combiner les prix de tarifs des Docks avec les bénéfices de l'*agio* à la Bourse, tandis que la *Compagnie des Bouches-du-Rhône* combine les prix des tarifs de ses Docks avec les revenus et les prix de vente des propriétés immobilières et territoriales qu'elle possède ou qu'elle veut créer. Voilà la grande différence entre les bases financières de ces deux Compagnies. Nous laissons au Gouvernement de Sa Majesté et au bon sens du public le soin d'apprécier la valeur, la solidité et la moralité de ces deux bases financières.

En Angleterre et aux Etats-Unis, les propriétaires des Docks emmagasinent les objets déposés et donnent, en retour, des *récépissés* qui constatent la valeur réelle de ces objets. Ces preuves de dépôts, *garantis* par l'administration **des**

Docks, ces *warrants* peuvent être ou engagés, ou bien vendus par leurs propriétaires, soit dans des administrations publiques, soit chez des particuliers.

Les *récépissés garantis*, ces *warrants*, représentent seulement la valeur intrinsèque de la marchandise ; les Docks ne garantissent que la réalité de cette valeur-là ; c'est à l'état de la place, à la situation des capitaux, à celle de l'industrie, de la consommation et du commerce extérieur, qu'il appartient de déterminer les avances d'argent qui peuvent être faites sur le dépôt de ces *warrants* et leur prix de vente. Rien, absolument rien ne s'interpose entre le capitaliste et l'entreposeur. La plus complète liberté est laissée à leurs intérêts et à leur intelligence personnelle.

Le projet des *Docks généraux* change complètement les positions de l'emmagasineur, de l'entreposeur, du capitaliste et des *warrants*.

Dans ce projet, l'administration des Docks, devenue réellement *Banque sur dépôt de marchandises*, se place et s'interpose par force entre le capitaliste et l'entreposeur, et leur impose à tous deux sa volonté.

A l'entreposeur, elle donne une part du prix de ses marchandises en argent comptant ou en papier, part déterminée par les statuts, mais pas davantage. Au capitaliste, cette Compagnie offre la possession des billets qu'elle émet elle-même.

Ici, les *warrants* ne représentent plus la valeur réelle des objets spécifiés entreposés dans les Docks, non ; ici, les *warrants*, qui ne sont plus des *warrants* car ils ne garantissent plus rien, représentent seulement le *crédit* de l'Administration des Docks sur le marché public. Quelle révolution !

Dans le système présenté par les *Docks généraux*, la situation privée de cette administration sujette, comme toutes les autres, aux cas de mauvaise gestion et d'accidents fortuits, pèserait donc de son poids immense sur toute la fortune industrielle du pays. Ainsi, que le crédit de cette administration, représenté sur la place par le prix de ses effets à la Bourse, baisse seulement par suite du jeu de la coulisse, et voilà que la fabrication est frappée, l'exportation qui hésite, le salaire qui baisse, la panique qui augmente à la Bourse et retombe d'un nouveau poids sur l'industrie, sur le commerce, sur le moral du pays et la force du Gouvernement.

Rien au monde de plus terrible, de plus pernicieux et, nous n'hésitons pas à le soutenir, de plus immoral que de mettre les ressources les plus vivaces et les plus respectables du pays sous la dépendance évidente de tous les jours et de chaque instant, de la hausse et de la baisse à la Bourse.

Mais si cette partie de la base financière des projets de la *Compagnie des Docks généraux* menace le Gouvernement de Sa Majesté dans l'avenir et le pays à chaque instant du jour, il n'en est pas moins vrai que l'idée d'établir des tarifs uniformes pour tous les Docks de France plaît visiblement aux habitudes de la centralisation gouvernementale qui préside aux destinées de la France.

Il faut donc donner gain de cause à cette tendance gouvernementale, mais en tant seulement qu'elle sera réellement profitable au commerce français ; savoir, en tant qu'on pourra établir l'uniformité des tarifs bas pour tous les Docks de France.

Si la *Compagnie des Bouches-du-Rhône* peut offrir au pays cet avantage immense des tarifs bas pour les Docks de Marseille, elle peut le faire seulement en attachant la création de ces établissements aux travaux agricoles et à la création de certains immeubles.

Par conséquent, si le Gouvernement de Sa Majesté désirait étendre à tous les Docks de France les avantages des *tarifs bas* que nous offrons aux Docks de Marseille, il faudrait alors que le Gouvernement de Sa Majesté imposât à la *Compagnie des Bouches-du-Rhône* la charge de joindre la création des Docks de Paris, de Bordeaux et du Havre et, dans un avenir plus éloigné, de ceux de Lyon, de Strasbourg et de Nantes, au programme si immense déjà de ses travaux à Marseille, et de supporter la perte sèche qui résulterait de l'abaissement des tarifs de tous les Docks de France, en vue des avantages que la *Compagnie des Bouches-du-Rhône* retirerait des autres parties de son entreprise.

La fusion entre les Docks généraux de M. Péreire et la *Compagnie des Bouches-du-Rhône* serait possible alors seulement aux conditions suivantes :

1° La *Compagnie des Docks généraux* fera apport à la *Compagnie des Bouches-du-Rhône*, seulement de son unique idée d'unir les administrations des Docks de toute la France en une seule et d'établir des tarifs uniformes ;

2° Que la Banque de France soit autorisée à prêter sur les warrants délivrés par l'Administration des Docks, ainsi que le *Crédit mobilier*. Ces warrants devront être seulement *des récépissés* constatant la valeur et l'état des objets entreposés, sous caution de la Compagnie ;

3° Que, dans l'organisation des *Docks fusionnés*, toutes les relations des personnes et les engagements avec l'Administration du *Crédit mobilier*, qui peuvent avoir été établies par les *Docks généraux*, soient complétement écartées et annulées. — Etant dangereux d'unir la stabilité, nécessaire aux Etablissements de haute confiance comme les Docks, aux agitations d'une entreprise basée sur la mobilité des fonds publics et les fluctuations du crédit ;

4° Que les Docks de Paris soient admis en tiers dans cette fusion et qu'il soit admis en principe que le système des entrepôts intérieurs et des Docks des ports de mer pourra être étendu dans l'avenir, selon les besoins de la Compagnie, aux villes de Nantes, de Cherbourg, de Lyon et de Strasbourg ;

5° Que tous les dédommagements pour les personnes intéressées dans la *Compagnie des Docks généraux et des Docks de Paris* soient réglés par le gouvernement de Sa Majesté ;

6° Que le capital primitif de la *Compagnie des Bouches-du-Rhône* soit augmenté de quarante millions ;

7° Que la *Compagnie des Bouches-du-Rhône*, tout en acceptant les charges et l'avoir de la *Compagnie des Docks généraux et des Docks de Paris*, soit tenue, quant à l'exécution des projets arrêtés par ces administrations, en tant seulement que cela leur sera utile et nécessaire. C'est surtout, quant aux plans des *Docks de Paris*, que la *Compagnie des Bouches-du-Rhône* fait ses réserves ; elle désirerait changer ces projets, en utilisant d'une manière plus profitable les terrains choisis et d'une manière plus logique et plus rationnelle l'idée de ces entrepôts intérieurs du pays, destinés à centraliser administrativement les autres Docks de France et non pas autrement.

C'est dans l'intérêt général, au détriment des intérêts privés engagés dans la *Compagnie des Bouches-du-Rhône*, que j'ai l'honneur de présenter au Gouvernement de Sa Majesté le projet de fusion des deux idées et des deux systèmes contraires, fusion que la *Compagnie des Bouches-du-Rhône* admettra en tant seulement que la volonté du Gouvernement de Sa Majesté voudra y intervenir. Cette fusion réunirait aux influences des notabilités financières engagées dans l'idée des *Docks généraux*, notabilités auxquelles on garantirait tous les avantages matériels qu'elles espèrent dans cette entreprise, les ressources des capitaux étrangers que nous possédons, ainsi que les ressources des listes de souscriptions chez les receveurs généraux, que nous demandons au Gouvernement de Sa Majesté dans l'intérêt de la moralité d'une émission aussi considérable.

Nous espérons pouvoir placer toutes ces ressources ainsi réunies sous la direction financière de la maison Rotschild, en désirant non-seulement donner par là les plus grandes garanties possibles de succès à notre entreprise, mais en apportant encore, dans notre reconnaissance pour le Gouvernement de Sa Majesté, le concours de cette immense royauté financière à l'esprit d'entreprise qui s'est développé sous l'influence bienfaisante du règne de Sa Majesté l'Empereur, et dont cette puissante Maison a jugé prudent de se tenir à l'écart jusqu'aujourd'hui.

J'espère, Monsieur, que le Gouvernement de Sa Majesté voudra bien reconnaître dans ce projet tout le désir de servir la France,

De votre très-humble et très-respectueux serviteur,

COMTE VENCESLAS JABLONOWSKI,

Auteur des Projets et organisateur de *la Compagnie des Bouches-du-Rhône*.

72, FAUBOURG ST-HONORÉ.

www.ingramcontent.com/pod-product-compliance
Ingram Content Group UK Ltd.
Pitfield, Milton Keynes, MK11 3LW, UK
UKHW021119220726
13924UKWH00004B/1806

9 782019 964320